French Short Stories for Beginners

Volume 3

20 EXCITING SHORT STORIES TO EASILY LEARN FRENCH & IMPROVE YOUR VOCABULARY

TOURI

https://touri.co/

ISBN: 978-1-953149-13-8

Contents

FREE AUDIOBOOKS

Touri has partnered with AudiobookRocket.com!

If you love audiobooks, here is your opportunity to get the NEWEST audiobooks completely FREE!

Thrillers, Fantasy, Young Adult, Kids, African-American Fiction, Women's Fiction, Sci-Fi, Comedy, Classics and many more genres!

Visit AudiobookRocket.com!

RESOURCES

TOURI.CO

Some of the best ways to become fluent in a new language is through repetition, memorization and conversation. If you'd like to practice your newly learned vocabulary, Touri offers live fun and immersive 1-on-1 online language lessons with native instructors at nearly anytime of the day. For more information go to Touri.co now.

FACEBOOK GROUP
Learn Spanish - Touri Language Learning
Learn French - Touri Language Learning

YOUTUBE
Touri Language Learning Channel

ANDROID APP
Learn Spanish App for Beginners

Italian Short Stories (Volume 1): 10 Exciting Short Stories to Easily Learn Italian & Improve Your Vocabulary

GERMAN

Conversational German Dialogues: 50 German Conversations and Short Stories

German Short Stories (Volume 1): 10 Exciting Short Stories to Easily Learn German & Improve Your Vocabulary

FRENCH

Conversational French Dialogues: 50 French Conversations and Short Stories

French Short Stories for Beginners (Volume 1): 10 Exciting Short Stories to Easily Learn French & Improve Your Vocabulary

French Short Stories for Beginners (Volume 2): 10 Exciting Short Stories to Easily Learn French & Improve Your Vocabulary

French Short Stories for Beginners (Volume 3): 20 Exciting Short Stories to Easily Learn French & Improve Your Vocabulary

Intermediate French Short Stories (Volume 1): 10 Amazing Short Tales to Learn French & Quickly Grow Your Vocabulary the Fun Way!

Intermediate French Short Stories (Volume 2): 10 Amazing Short Tales to Learn French & Quickly Grow Your Vocabulary the Fun Way!

PORTUGUESE

Conversational Portuguese Dialogues: 50 Portuguese Conversations and Short Stories

ARABIC

Conversational Arabic Dialogues: 50 Arabic Conversations and Short Stories

RUSSIAN

Conversational Russian Dialogues: 50 Russian Conversations and Short Stories

CHINESE

Conversational Chinese Dialogues: 50 Chinese Conversations and Short Stories

Free French Video Course

200+ words and phrases in audio

you can start using today!

Get it while it's available

https://touri.co/freefrenchvideocourse-french-ss-beg-vol3/

Why We Wrote This Book

We realize how difficult it can be to learn a language. More often than not, learners do not know where to start and can easily feel overwhelmed at tackling a new language.

At Touri, we have identified a gap in the market for engaging, helpful and easy to read French stories for beginners. We believe it is much easier to understand words in context in story form as opposed to studying verb conjugations or learning the rules of the language. Don't get us wrong, understanding the construction of the language is important, but the more practical approach is to learn a basic subset of words that you as a learner can practice with today.

Our goal is for you to feel confident when speaking with native speakers, even if it's a few words. Focus on building a foundation of commonly used words and you'll be setting yourself up for long-term success.

How To Read This Book

French Short Stories for Beginners Volume 3 is packed with 20 engaging stories, basic vocabulary and memorable characters that make learning French a piece of cake!

Each story has been written in with you the reader in mind. The best way to read this book is to:

a.) Read the story without worrying about completely understanding the story but making note of the vocabulary you do not understand.

b.) Using the two summaries, French and English provided after each story take the time to make sure that you got a full grasp of what happened. Doing this will help you with your comprehension skills.

c.) Go back through the story and read it again after having a better grasp of what happened. You may take a more concentrated approach to trying to understand everything, but it's not necessary.

d.) Sprinkled throughout each story you will also find vocabulary words in **bold**, with a translation of each of these words found at the end of the stories. This is also another great way for you to expand your vocabulary and start using them in sentences.

e.) We want you to get the most out of this book and learn as much as possible, which is why we have also included a list of multiple choice questions that will test your understanding and memory of the tale. The answers can be found on the following page.

f.) Most importantly, have fun while you're exploring a whole new world and learning French! We are so excited for the journey you're about to embark on!

CHAPTER 1. ARTS MARTIAUX

Un matin chaud en été vit deux **enfants** assis devant la télévision, regardant l'écran, épatés par une artiste martial qui démontrait quelques **mouvements** sophistiqués.

-Woah...! Beth exclama et dû se rappeler de ne pas cligner des yeux pour ne rien **rater**.

-C'est tellement cool! Son cousin dit. Il **regardait** l'émission avec elle dès le début et parut aussi impressionné qu'elle l'était avec les yeux grands ouverts et de petits **souffles** à chaque fois qu'un mouvement était démontré.

-Oui! Agréa Beth avec enthousiasme avant que les deux ne se turent de nouveau pour se concentrer sur l'émission.

Les deux restèrent ainsi jusqu'à la fin de l'émission et ne se levèrent que lorsqu'ils furent appelés pour **descendre** prendre leur déjeuner.

-Je veux devenir une artiste martiale quand je serai **grande**! La petite fille dit en sautant les **marches** de l'escalier.

-Pas moi! Dit son cousin en **courant** derrière elle avec maladresse. Ses mots la firent froncer les yeux en confusion. N'était-il pas aussi impressionné qu'elle, tout à l'heure? **Comment** pouvait-il dire ça?

-Pourquoi pas? Demanda-t-elle sur un ton qui reflétait autant de surprise qu'elle avait ressentit.

-J'ai entendu dire que les artistes martiaux doivent s'entraîner très **dur**. J'ai aussi entendu dire qu'ils doivent **casser** leurs **os** et se **déchirer** les **muscles** pour devenir aussi fort qu'ils le sont. Répondit-il.

-Tu n'es pas **sérieux**! Exclama-t-elle. C'était horrible! Qui peut bien **subir** une telle torture? Beth **frémit** en pensant au fait de subir cette douleur pour devenir un bon artiste martial et elle pensa qu'elle devrait peut être y repenser.

Mais, elle continua à penser à l'émission qu'elle avait regardé tout à l'heure et à quel point **la dame** était cool quand elle donna des **coup de points** et des **coups de pied** aux planches en bois.

Elle voulait vraiment être comme elle. Peut être qu'elle pourrait prendre des médicaments qui l'aideraient pour supporter la **douleur** quand elle commencera à s'entraîner? Elle regarda son cousin et plissa les yeux. Peut être que Bobby **avait tort** à propos de ce qu'il lui avait dit tout à l'heure... Et puis, d'où il savait, lui? Elle devait poser la question à quelqu'un de **confiance** et elle savait exactement à qui s'adresser!

Plus tard dans la journée, quand son cousin fit sa sieste, elle descendit parler à son grand frère qui était chargé de rester avec eux pendant que leurs parents étaient absents pour la journée.

-Coucou, Keith! Elle le salua avec bonne humeur. Son grand frère était la personne **la plus** intelligente qu'elle connaissait. Plus intelligent que ses parents, même! Il répondait toujours à ses questions et même quand il ne connaissait pas la **réponse**, il la cherchait pour elle.

-Coucou, sœurette! Répondit-il avec un sourire en fermant le livre qu'il était entrain de lire. Que puis-je faire pour toi? Dit-il en lui **pinçant** le nez avec un sourire taquin.

Beth rigola et s'assied à **coté** de lui sur le canapé. -J'ai une question pour toi. Elle commença. Quand son frère hocha la tête elle continua. Est-ce qu'il est vrai que les artistes martiaux doivent se briser les os et se déchirer les muscles quand ils s'entraînent pour devenir plus forts?

Les yeux de son grand frère devinrent plus large et il prit un moment avant de lui répondre. -Je suis **sûr** que ce n'est pas le cas. Qui te l'a dit?

-Bobby.

-Et bien, comme je te l'ai dit, je ne crois pas que c'est **vrai** mais regardons sur internet juste pour être certains.

Beth regarda Keith sortir son téléphone de sa **poche** et taper dessus avant de lire ce qui était écrit sur l'écran pendant quelques instants.

-Bon, c'est un peu correcte, en quelques sortes. Beth laissa échapper un souffle d'horreur le poussant à lever une main pour la **calmer**. Mais, ce n'est pas aussi **douloureux** que ce qu'on croit. Beth parut un peu soulagée par ces mots.

-Et bien, c'est comment alors? Demanda-t-elle avec curiosité. Si ce n'était pas de la torture comme elle le croyait, alors elle avait encore une chance pour devenir une artiste martiale au futur. Elle était une fille **costaud** et elle pourrait supporter un peu de douleur! L'autre jour, elle était tombée et s'était blesser le genou mais elle n'avait même pas pleurer!

Keith sourit et lui **ébouriffa** les cheveux. Il tint son téléphone en face d'elle et pointa l'écran du doigt. -D'après cet article, quand les gens s'entraînent pour un sport qui nécessite de **frapper** quelque chose ou quelqu'un, ils doivent donner des coups avec leurs mains, pieds, genoux et tout. Il expliqua. Et des fois, ils cassent des planches en bois et des trucs du genre. Pour faire ça, ils doivent frapper à grande vitesse ou bien ils doivent être très forts. Idéalement, l'artiste martial utilise une combinaison de **force** et de vitesse.

Pour devenir aussi forts, ils doivent s'entraîner en soulevant des poids et en faisant des exercices comme des **pompes** et en frappant des sac de box, et c'est ce qui cause les fissures dans leurs os et leurs muscles. Mais ces fissures ne sont pas dangereuses. L'assura-t-il avec un sourire. Ce sont juste de toutes petites fissures dans leurs os et quand elles guérissent, l'os devient plus dur et plus fort dans ces endroits. Conclut-il.

-Ohh...! C'est logique. Beth dit en hochant **lentement** la tête.

-C'est la même chose pour les muscles, et ça n'arrive pas qu'aux artistes martiaux. Des gens comme ceux qui font du bodybuilding **soulèvent** des poids lourds et ça cause des petites fissures dans leurs muscles à cause de la charge. Quand le muscle **guéri** et se reconstruit, il devient plus grand et plus fort. C'est pour ça que certains artistes martiaux peuvent briser des **briques** avec leurs mains, parce qu'ils sont assez forts mais aussi parce qu'ils sont assez **rapide** quand ils les frappent.

-Alors, ça ne fait pas mal du tout? La petite fille demanda. Elle voulait s'assurer avant de prendre sa décision.

-Et bien je suis sûr que ce genre d'entraînement peut leur donner des **courbatures** et leur faire un peu mal mais ce n'est **rien** de dangereux et s'ils le font correctement, ils ne risquent pas de se blesser. Répondit-il. Le mystère est **résolu**! Es-tu satisfaite, jeune demoiselle?

Beth sourit et hocha sa tête. -Oui! **Maintenant** que tout est clair, je veux devenir une artiste martiale! Annonça-t-elle avec fierté.

-Oh? Sais-tu quel art martial tu veux **pratiquer**? Le Karaté? Le Judo? Le Hapkido? Demanda-t-il.

-Euh... je ne sais pas... encore.

Keith rigola et lui dit qu'elle pouvait **demander** à leurs parents quand ils rentrerons. -Peut être qu'ils t'emmèneront à quelques écoles d'arts martiaux et tu peux choisit après avoir observer **les autres**!

Vocabulary

Enfants: *Children*

Mouvements: *Moves*

Rater: *To miss*

Regardait: *Was watching*

Souffles: *Gasps, Breaths*

Descendre: *To go down*

Grande: *Big, Old*

Marches: *Steps*

Courant: *Running*

Comment: *How*

Dur: *Hard*

Casser: *To break*

Os: *Bones*

Déchirer: *To tear*

Muscles: *Muscles*

Sérieux: *Serious*

Subir: *To undergo, To bear*

Frémit: *Shivered*

La dame: *The lady*

Coup de points: *Punches*

Coups de pied: *Kicks*

Douleur: *Pain*

Avait tort: *Was wrong*

Confiance: *Trust*

La plus: *The most*

Réponse: *Answer*

Pinçant: *Pinching*

Coté: *Side*

Sûr: *Sure*

Vrai: *True*

Poche: *Pocket*

Calmer: *To calm*

Douloureux: *Painful*

Costaud: *Tough*

Ébouriffa: *Ruffled*

Frapper: *To hit*

Force: *Strength*

Pompes: *Push ups*

Lentement: *Slowly*

Soulèvent: *Lift*

Guéri: *Heals*

Briques: *Bricks*

Rapide: *Fast*

Courbatures: *Soreness and stiffness of muscles*

Rien: *Nothing*

Résolu: *Solved*

Maintenant: *Now*

Pratiquer: *To practice*

Demander: *To ask, To request*

Les autres: *The others*

Résumé de l'histoire

Beth est une petite fille qui était entrain de regarder une émission d'arts martiaux avec son cousin. Elle était très impressionnée par les mouvements qui y était démontrés et son cousin l'était aussi. Quand les deux descendirent pour prendre leur déjeuner, elle lui dit qu'elle voulait devenir artiste martiale aussi mais quand il lui dit que ces gens devaient casser leurs propres os et se déchirer les muscles quand ils s'entraînaient, elle reconsidéra. Quand elle demanda à son frère si c'était vrai, il vérifia sur son téléphone et lui dit que ce n'étaient que de toutes petites cassures et que ça ne leur faisaient pas mal et que cela aidait leurs os et leurs muscles à devenir plus forts après qu'ils guérissent. Beth était rassurée et décida de devenir artiste martiale comme elle le désirait.

Summary of the story

Beth is a little girl who had been watching a martial arts show with her cousin. She was very impressed by the moves demonstrated there and so was her cousin. When the two went down to have lunch, she told him that she wanted to become a martial artist too but when he told her that these people have to break their own bones and tear their own muscles when they train, she started having second thoughts. When she asked her brother about that, he checked on his phone and told her that those are only tiny breaks that don't hurt them and that they helped their bones and muscles become stronger after healing. Beth was relieved and decided to go through with her decision of becoming a martial artist.

Questions About The Story

1) **Lequel de ces prénoms n'apparaît pas dans l'histoire?**

   A. Beth
   B. Keith
   C. Bobby
   D. Riley

2) **Que regardaient les enfants au début de l'histoire?**

   A. Une émissions d'arts martiaux
   B. Une émission de télé-réalité
   C. Un dessin animé
   D. Un film d'animation

3) **Que voulait devenir la petite fille ?**

   A. Une artiste martiale
   B. Une enseignante
   C. Une danseuse de ballet
   D. Un détective

4) **Lequel de ces arts martiaux avait le grand frère mentionné?**

   A. Le Jujitsu
   B. L'Aikido
   C. Le Judo
   D. Le Kung Fu

5) **Quel art martial voulait pratiquer le personnage principale?**

   A. Elle ne savait pas encore
   B. Le Karate
   C. Le Judo
   D. Le Hapkido

Questions

1) **Which of these names doesn't belong to a character from the story?**
   - **A.** Beth
   - **B.** Keith
   - **C.** Bobby
   - **D.** Riley

2) **What were the children watching at the beginning of the story?**
   - **A.** A martial arts show
   - **B.** A reality TV show
   - **C.** A cartoon
   - **D.** An animation movie

3) **What did the little girl want to become ?**
   - **A.** A martial artist
   - **B.** A teacher
   - **C.** A ballet dancer
   - **D.** A detective

4) **Which of these martial arts did the older brother mention in his talk?**
   - **A.** Jujitsu
   - **B.** Aikido
   - **C.** Judo
   - **D.** Kung Fu

5) **Which martial art did the main character want to practice?**
   - **A.** She didn't know yet
   - **B.** Karate
   - **C.** Judo
   - **D.** Hapkido

Answers

1) D
2) A
3) A
4) C
5) A

CHAPTER 2. MAIS C'EST QUOI, CETTE IDÉE?

Cindy était assise sur les **marches** qui étaient à l'entrée de sa maison, elle avait la tête inclinée sur sa main et ses sourcils étaient froncés. Elle scrutait l'**herbe** du jardin de sa maison comme si celui-ci était la source de tous ses malheurs.

Elle était très **irritée** et ceci était clair à toute personne qui l'aurait vu à ce moment là. Ou plutôt, qui aurait vu ses expressions.

La raison pour laquelle Cindy **faisait la tête** était assez simple: elle était frustrée car elle avait eu une très bonne **idée** -Ou, du moins, elle avait cru que c'était le cas - qui avait mal tourné quand elle avait essayé de l'exécuter.

Son idée n'était pas quelque chose de vraiment **compliqué**. C'était même une idée très simple. Elle avait pensé que si elle nouait ses **lacets** et courrait à travers son jardin, elle pourrait s'entraîner seule pour la **course à trois jambes** de son **école**.

Malheureusement, son idée échoua et quand elle tenta de prendre le premier **pas**, elle finit par **tomber**. Ses **coudes** étaient égratigné et sa **fierté** était touchée par l'échec de l'idée qu'elle avait cru être brillante. Quelle honte!

-Ça aurait été super si les idées pouvaient nous prévenir d'avance et nous dire si elles sont de bonnes ou de **mauvaises idées**..." Murmura-t-elle à elle même avec un soupir malheureux. Selon elle, cela l'aurait épargné. Ou du moi, ses coudes auraient été épargnés.

Elle commença à **rêvasser** en pensant à cette idée.

-Si ma mauvaise idée était devenue une personne pour me prévenir en avance, elle aurait eu une apparence affreuse... Dit-elle en imaginant une petite version d'elle même **habillée** en pyjama sales. La "mauvaise" idée avait les **cheveux** en l'air et du sable dans les yeux, n'ayant clairement pas fait sa toilette du matin.

-Je pari que tu ne t'es même pas brossée les dents ... Cindy lui dit.

-Pourquoi faire? Je ne vais rien accomplir de toutes façons. La petite idée-Cindy répondit **en baillant**.

-Beurk! J'avais raison, tu as une haleine de chacal! Cindy l'accusa en agitant sa main devant son **nez**.

L'idée sourit et agita la main avec audace avant de disparaître.

-Ce n'est pas étonnant qu'elle ait échoué. Pensa-t-elle. J'aurai pu deviner si j'avais vu à quoi elle ressemblait...

Avec un soupir, elle décida de se dégourdir les jambes et se leva pour le faire. En descendant les marches, elle pensa à la première personne qui avait pensé à les **construire**. Elle ne connaissait pas qui avait inventé les marches et donc elle imagina que c'était elle et une petite vision d'elle apparut devant elle.

-Salut, petite moi! Salua-t-elle.

La petite idée avait une belle apparence. Elle était habillée convenablement mais ses **vêtements** n'étaient pas très sophistiqués, c'était seulement une **salopette** en jean avec un T-shirt en coton en dessous. Elle était propre et ses cheveux étaient brossés et tenus en **queue de chevale**. Elle sourit timidement et fit un signe de la main en guise de salut.

-La conception des marches était une idée simple mais très bonne. Cela a permit au gens de **monter** à de hauts endroits après qu'ils avaient eu des difficultés avec les pentes raides. L'idée l'informa avec un sourire confiant.

Cindy hocha la tête. -C'était sûrement une bonne idée vu qu'on l'utilise jusqu'à ce jour.

Une autre idée apparut devant elle et s'éclaircit la **gorge**. -L'ascenseur était une idée encore meilleure. Dit-elle avec une expression hautaine. Celle-ci était habillée en costume parfaitement repassés et portait des **lunettes**.

Ses cheveux était coiffés en un chignon qui rappela à Cindy la directrice de son école. -Très **pratique** pour les gens avec des handicapes et permet de gagner du temps. D'ailleurs, les gens n'ont qu'a **appuyer** sur quelques boutons. L'idée ajouta.

Avant que Cindy n'eut le temps de répondre, l'idée-escalier prit la parole. -Oui, m-mais **inutile** sans électricité. Elle argumenta en levant son index.

L'idée-ascenseur laissa échapper un souffle et parut très offensée. -De nos jours, les coupures de courant sont très rares. Répondit-elle en croisant les bras.

-Pas aussi rares que ça dans certains **pays**. Je suis sûre qu'ils sont contents d'avoir des escalier. Telle était la réponse de l'idée-escalier.

Cindy rigola en regardant les deux idées se chamailler sur laquelle d'entre elles était la plus révolutionnaire jusqu'à ce que les deux **disparurent** avec un son de "pouf" et en laissant un nuage de **poussière** colorée derrière elles.

Elle continua à marcher sans destination en tête à travers le jardin et s'arrêta quand elle vit un naine de jardin. Cindy inclina la tête sur le coté et le regarda avec confusion. C'était l'une des idées dont elle ne pouvait pas se résigner. À quoi pensait la personne qui les avait inventé?

Soudain, une autre idée apparut devant elle. Celle-là portait une **jupe**, un tricot en laine et une paire de mocassins. Ses cheveux était en cascade et elle regarda autour d'elle, distraite par son entourage.

-Salut...? Cindy la salua avec hésitation. -Es-tu censée être une bonne ou mauvaise idée?

L'idée haussa ses **épaules** et sourit. -Je suis l'idée-naine-de-jardin. Je n'était qu'une pensée impulsive, rien de trop sophistiqué.

-Et bien, comment celui qui t'a inventé a su que tu allait devenir populaire? Cindy demanda.

L'idée sourit et secoua la tête. -Il ne le savait pas. Il m'a juste appliqué en espérant avoir un bon résultat. Certaines choses dans la vie marchent ainsi, le sais-tu? Tu dois **tenter ta chance** et voir ce qui va se passer!

Cindy regarda l'idée en face. Elle n'y avait pas penser ainsi. Elle pensa que cette approche allait lui éviter des **déceptions**. Si quelqu'un essai quelque chose sans penser à sa réussite ou son échec, il ne serait pas déçu en cas d'échec. D'autre part, si l'idée réussi, il aurait une bonne surprise.

-Et bien, je dois y aller! À plus tard! L'idée-nain-de-jardin dit avant de disparaître. Cindy scruta l'endroit où l'idée était avant qu'un sourire n'apparut lentement sur son **visage**.

-Je crois qu'il temps de **réfléchir** à quelques idées... Se dit-elle en courant à sa chambre pour commencer à planifier sa prochaine idée.

Vocabulary

Marches: *Stairs*

Herbe: *Grass*

Irritée: *Irritated*

Faisait la tête: *Was sulking*

Idée: *Idea*

Compliqué: *Complicated*

Lacets: *Shoe laces*

Course à trois jambes: *Three-legged race*

École: *School*

Pas: *Step*

Tomber: *To fall*

Coudes: *Elbows*

Fierté: *Pride*

Mauvaises idées: *Bad ideas*

Rêvasser: *To daydream*

Habillée: *Dressed*

Cheveux: *Hair*

En baillant: *Yawning*

Nez: *Nose*

Construire: *To build*

Vêtements: *Clothes*

Salopette: *Overalls*

Queue de chevale: *Ponytail*

Monter: *To climb, To ascend, To go up*

Gorge: *Throat*

Lunettes: *Glasses*

Pratique: *Practical*

Appuyer:*To press, To push*

Inutile: *Useless*

Pays: *Countries*

Disparurent: *Disappeared*

Poussière: *Dust*

Soudain: *Suddenly*

Jupe: *Skirt*

épaules: *Shoulders*

Tenter ta chance: *Try your luck*

Déceptions: Disappointments

Visage: *Face*

Réfléchir: *To think*

Résumé de l'histoire

Cindy était une petite fille qui était entrain de faire la tête car une idée qu'elle avait eu avait mal tourné. Elle laissa ses pensées courir et elle se demanda comment ça serait si les idées pouvaient prendre apparence humaine et prévenir les gens en avance en cas où elle étaient de mauvaises idées. Elle commença à rêvasser et commença a voir des concrétisation de différentes idée comme la mauvaise idée qu'elle avait eu ainsi que l'idée des escalier, celle de l'ascenseur et celle du nain de jardin. La dernière lui avait apprit que certaines idées n'étaient pas destinées à échouer ou à devenir un succès dès le début et que parfois, on doit les essayer et voir ce qui se va se passer.

Summary of the story

Cindy was a little girl who had been sulking because an idea she had turned wrong. She left free reign to her thoughts and wondered what it would be like if ideas could take a human form and warn people ahead in case they were bad ideas. She started daydreaming and started seeing the embodiment of different ideas like the bad idea that she had and that had failed, the idea of the stairs, the elevator and even the garden gnome. The last one taught her that some ideas weren't predestined to fail or succeed from the start and that sometimes, one has to take a try and see what happens.

Questions About The Story

1) **Quel est le nom du personnage principale?**
   A. Windy
   B. Jessie
   C. Amber
   D. Cindy

2) **Où était-elle au début de l'histoire?**
   A. À l'école
   B. Au parc
   C. Chez elle
   D. À la piscine

3) **Pourquoi faisait-elle la tête ?**
   A. Car elle avait perdu en jouant à un jeu
   B. Car elle s'était disputée avec sa meilleur amie
   C. Car sa mère l'avait grondé
   D. Car son idée avait échoué

4) **Quel était la première idée qu'elle imagina autant que personne?**
   A. L'idée-nain-de-jardin
   B. L'idée-escalier
   C. Sa propre idée
   D. L'idée-ascenseur

5) **D'après l'idée-nain-de-jardin, peut-on être sûr si une idée va réussir ou pas?**
   A. Certaines idée doivent être testées avant
   B. Oui, mais avec l'aide des statistiques
   C. Non, on ne peut pas savoir
   D. Oui, une idée va probablement échouer

Questions

1) What's the main character's name?
- **A.** Windy
- **B.** Jessie
- **C.** Amber
- **D.** Cindy

2) Where was she at the beginning of the story?
- **A.** At school
- **B.** At the park
- **C.** At her house
- **D.** At the swimming pool

3) Why was she sulking?
- **A.** Because she lost a game
- **B.** Because she fought with her best friend
- **C.** Because her mother scolded her
- **D.** Because her idea failed

4) What was the first idea that she imagined as a person?
- **A.** The garden gnome idea
- **B.** The stairs idea
- **C.** Her own idea
- **D.** The elevator idea

5) According to the garden gnome idea, can we be sure if an idea will fail or succeed?
- **A.** Some ideas have to be tested first
- **B.** Yes, with the help of statistics
- **C.** No, we can't be sure of the success of any idea
- **D.** Yes, an idea will most likely fail

Answers

1) D
2) C
3) D
4) C
5) A

Chapter 3. Quelle chance!

En un jour **chaud** et **ensoleillé**, tandis que les **criquets** chantaient et que les fourmilles montaient en queue sur un **arbre**, Jacob était à quatre pattes dans le petit **jardin** de sa maison et cherchait sans relâche dans l'herbe en quête du trèfle à **quatre** feuilles légendaire.

Le but principale de sa **recherche** était de s'attribuer la chance qui venait de l'objet, comme tout le monde. Il ne croyait pas qu'il allait **trouver** facilement un fer de cheval dans la ville et il ne voulait certainement pas avoir la patte d'un **lapin**! Quel genre de personne sans **cœur** pourrait faire ça à un pauvre lapinou?!!

Et donc, sa seule option était **un trèfle à quatre feuilles**. S'il arrivait à l'avoir, il aurait de la chance et s'il allait avoir de la chance tout ira à merveille dans sa **vie**.

Le seul **problème** était que, malgré sa recherche **méticuleuse**, il n'arrivait pas à trouver l'objet en question. Il commençait à se sentir **frustré** après une demi-heure de recherche et il considérait sérieusement d'abandonner sa tâche.

-Je commence à croire qu'ils n'ont jamais existé... murmura-t-il de manière grincheuse en se tapotant les **mains** pour se débarrasser de la terre avec un souffle.

-Qu'est-ce qui te fait **marmonner** comme ça, petit? La voix de sa grande **sœur** survint de derrière lui, le faisant **sursauter**.

-Leah! Ne viens pas derrière les gens ainsi! La gronda-t-il en fronçant les sourcils.

-**Pardon**. Dit-elle en rigolant avant de s'asseoir sur l'herbe à côté de lui. Alors, pourquoi es-tu si contrarié ? Demanda-t-elle en lui pinçant la **joue** avant qu'il ne tapa sa main.

Il laissa **échapper** un souffle avec un regard misérable et se massa la **tempe** pour se calmer. -J'ai cherché partout à travers le jardin pour trouver un trèfle à quatre feuilles mais apparemment, tous les trèfles ici n'ont que **trois** feuilles.

-Je vois. Leah dit en mettant un bras sur ses genoux avant de mettre son menton dessus. -Et pourquoi as-tu besoin d'en trouver un à quatre feuilles ?

-Pour avoir de la chance, bien sûr. Pourquoi d'autre? Dit-il en froissant son **front**.

-Et bien, pourquoi as-tu besoin d'avoir de la chance?

Est-ce qu'elle jouait l'idiote exprès ? Il savait à quel point elle était **intelligente**, alors elle était sûrement entrain de le **taquiner**. Jacob n'était pas d'humeur à se faire taquiner!

-Et bien pour tout! La chance nous aide avec tout, n'est-ce pas? Ça rend tout plus **facile** et meilleur! Je serai meilleur en football et j'aurais de meilleures notes et je gagnerai chaque partie de jeux vidéos que je jouerai! Expliqua-t-il en agitant ses mains un peu partout.

Sa grande sœur rigola et lui ébouriffa les **cheveux**. -**Calme-toi**, mon grand. Je comprends.

-Alors tu vois pourquoi j'ai besoin de le trouver.

-Je ne crois pas que la chance marche autant que tu le pense, tu sais? Leah dit.

Jacob souffla et roula ses yeux. -Ouai, c'est ça. Elle ne savait rien ... **Les adultes** ne savaient rien sur ses problèmes.

-Non, je suis **sérieuse**. Est-ce que tu connais quelqu'un qui a réussi dans sa vie en comptant sur la chance? Lui demanda-t-elle en arquant ses sourcils.

-Et bien... non, mais... Il prit un moment pour penser à un argument mais ne pouvait pas en avoir un.

-Tu vois? La **majorité** des gens qui ont accompli leurs buts comptent sur autre chose. Peux-tu deviner ce que c'est? Demanda-t-elle avec un sourire taquin.

-Les miracles? Jacob répondit avec sarcasme, la faisant rire.

-Non, petit malin! **Le travail**. Les gens travaillent dur pour réaliser leurs **rêves**. Ils s'améliorent dans leur **métiers** en travaillant dur et en s'appliquant et ils amassent de l'expérience et du savoir qui les aideraient par la suite à travailler plus rapidement et de façon meilleure. Expliqua-t-elle.

-Ah, bon? Donne-moi un exemple. Le petit garçon la défia en croisant les bras.

-Toi! Tu te rappelle à quel point tu était **faible** en Histoire?

Jacob fit une grimace en pensant à ses vieilles notes en Histoire. Il détestait la matière et avait refusé de la **réviser**. Mais, il était arrivé à s'y améliorer et il avait trouvé une **manière** de mémoriser ses leçons de manière efficace quand il s'était décidé à le faire et avec l'aide de Leah. Maintenant, l'Histoire était devenue l'une de ses matières préférées et il n'avait que de **bonnes notes**.

-D'accord. Quoi d'autre? Demanda-t-il, pas très convaincu.

Leah se tourna pour regarder la maison puis autour d'elle pour s'assurer que personne d'autre que Jacob ne pouvait l'entendre. -Tu te souviens à quel point Maman était mauvaise en **jardinage**?

Jacob rigola en pensant à toutes les pauvres **plantes** que sa mère avait noyé en les arrosant plus qu'il ne fallait. -Elle a fait beaucoup de progrès... Dit-il en regardant les **rosiers** qui étaient en pleine floraison grâce aux soins de sa mère.

-Et tout le monde sait que j'étais très mauvaise en basketball quand je venait tout juste de **commencer**. Maintenant, regarde-moi! Après des mois et des mois de travail dur, je suis devenue capitaine de mon équipe à l'école! Leah dit avec un sourire **fier**.

-C'est vrai. Papa n'arrête pas de parler de tes exploits. Jacob dit avec un sourire taquin.

-Tu vois? En réalité, tout le monde peut devenir excellent dans n'importe quel domaine. Tu es devenu meilleur en Histoire après avoir fait des efforts. Maman est devenue meilleur en jardinage parce qu'elle a refusé d'abandonner malgré toutes les plantes qu'elle avait tué et moi, je suis devenue meilleur en basketball après des **heures** et des heures d'entraînement. Toute personne qui est bonne dans un domaine était mauvaise au début et s'est seulement **améliorée** après s'être exercée et avoir travaillé dur. La chance est une jolie chose mais si tout le monde comptait sur elle, on n'aurait pas de progrès dans tous les domaines.

Jacob hocha la tête et **sourit**. -Je comprends. Et puis qui a besoin de chance? Je peux tout faire tout seul.

-Et si tu as des **soucis**, tu peux toujours demander de l'aide. Leah lui rappela avec un sourire.

Jacob sourit et la regarda d'un air **penaud**. -Alors... tu veux bien m'aider pour trouver le trèfle à quatre feuilles...? Pas pour avoir de la chance! Juste parce que je **pense** que ce serait cool d'en trouver un!

Leah roula les yeux au ciel avec une expression **affectueuse** et lui sourit avant que les deux ne recommencèrent à chercher le fameux **objet** porteur de chance.

Vocabulary

Chaud: *Warm*

Ensoleillé: *Sunny*

Criquets: *Crickets*

Arbre: *Tree*

Jardin: *Garden*

Quatre: *Four*

Recherche: *Search*

Trouver: *To find*

Lapin: *Rabbit, Bunny*

Cœur: *Heart*

Un trèfle à quatre feuilles: *A four-leaf clover*

Vie: *Life*

Problème: *Problem*

Méticuleuse: *Meticulous*

Frustré: *Frustrated*

Mains: *Hands*

Marmonner: *Muttered*

Sœur: *Sister*

Sursauter: *Jumped up*

Pardon: *Sorry*

Joue: *Cheek*

Échapper: *To escape*

Tempe: *Temple*

Trois: *Three*

Front: *Forehead*

Intelligente: *Smart*

Taquiner: *To tease*

Facile: *Easy*

Cheveux: *Hair*

Calme-toi: *Calm yourself*

Les adultes: *Adults*

Sérieuse: *Serious*

Majorité: *Majority*

Le travail: *Work*

Rêves: *Dreams*

Métiers: *Jobs*

Faible: *Weak*

Réviser: *To study*

Manière: *Way, Manner*

Bonnes notes: *Good grades*

Jardinage: *Gardening*

Plantes: *Plants*

Rosiers: *Rose bushes*

Commencer: *To starts*

Fier: *Proud*

Heures: *Hours*

Améliorée: *Improved*

Sourit: *Smiled*

Soucis: *Issues*

Penaud: *Sheepish*

Pense: *To think*

Affectueuse: *Fond*

Objet: *Object*

Résumé de l'histoire

Jacob est un petit garçon qui était entrain de chercher le trèfle à quatre feuilles légendaire dans le jardin de sa maison. Il voulait la chance que l'objet lui apporterait. Mais, plus le temps passait plus il devint frustré car il n'arrivait pas à le trouver. Sa grande sœur le rejoignit dans le jardin et lui demanda pourquoi il était aussi contrarié et quand il lui dit ce qui se passait elle lui dit qu'il n'avait pas besoin de chance et l'informa que les gens qui avaient du succès comptaient sur le fait qu'il travaillaient dur et non pas sur la chance. Quand il lui demanda de lui donner des exemples sur ces gens, elle lui dit que lui, sa mère et elle même étaient des personnes qui avaient réussi grâce à leurs efforts et leur dévouement. Jacob fût convaincu à la fin mais demanda à sa sœur de l'aider à trouver le trèfle à quatre feuilles, juste pour le fait de le trouver.

Summary of the story

Jacob is a little boy who had been searching for the legendary four-leaf clover in his garden. He wanted the luck that the item would grant him but as time passed and he had yet to find it he started to feel frustrated. His older sister joined him in the garden and asked why he was so upset and when he told her what was happening she told him that he didn't need luck and informed him that successful people relied on hard work rather than luck. When he asked her for examples on such people she told him that he, his mother and herself were people who achieved success thanks to hard work and dedication. Jacob was convinced at the end but asked her for help at finding the lucky four-leaf clover just for the sake of it.

Questions About The Story

1) **Quel est le nom de la grande sœur du personnage principale?**
    A. Ella
    B. Lily
    C. Leah
    D. Lola

2) **Que cherchait Jacob?**
    A. Une marguerite
    B. Une rose
    C. Un trèfle à quatre feuilles
    D. Une feuille de menthe poivrée

3) **Pourquoi voulait-il le trouver ?**
    A. Pour avoir de la chance
    B. Pour des raisons scientifiques
    C. Pour décorer
    D. Pour un jeu

4) **D'après Leah, sur quoi comptent les gens qui réussissent dans leur vies?**
    A. La chance
    B. L'aide
    C. Le travail
    D. La charité

5) **Quel sport pratique Leah?**
    A. Le Basketball
    B. Le Football
    C. Le Baseball
    D. Le Lacrosse

Questions

1) What's the name of the main character's elder sister?
- **A.** Ella
- **B.** Lily
- **C.** Leah
- **D.** Lola

2) What was Jacob looking for?
- **A.** A daisy
- **B.** A rose
- **C.** A four-leaf clover
- **D.** A peppermint leaf

3) Why did he want to find it?
- **A.** For good luck
- **B.** For science
- **C.** For decoration
- **D.** For a game

4) According to Leah, what do successful people rely on?
- **A.** Luck
- **B.** Help
- **C.** Hard work
- **D.** Charity

5) What sport does Leah practice?
- **A.** Basketball
- **B.** Soccer
- **C.** Baseball
- **D.** Lacrosse

Answers

1) C
2) C
3) A
4) C
5) A

CHAPTER 4. LA VIE N'EST PAS UN JEU

-C'est trop calme ici. Charlie dit en avançant avec prudence à travers les allées humides de la **cité**. Il faisait nuit, les lampadaires clignait, tantôt **allumés**, tantôt **éteints** et la lune était cachée par **les nuages**. La rue était sombre et suspicieuse.

Il monta les escaliers de secours qui étaient sales et couverts de rouille puis, il se positionna sur le bord de la terrasse pour ensuite pouvoir regarder à travers **le télescope** de son fusil de tireur d'élites. Il guetta les parages et garda l'œil grand ouvert pour voir si il y avait n'importe quel signe de problèmes.

Quelques moments plus tard, **les bruits** perçants de tirs venant d'une arme à feu raisonnèrent en bas. Il vit **son partenaire** courir hors d'un immeuble avant de s'abriter derrière un camion et il essaya de localiser l'ennemie.

Une fois qu'il repéra le tireur qui avait prit feu sur son partenaire, il le cibla et l'élimina avec une seule balle sur le front.

"Mission accomplie. **Ton équipe** a gagné!" Les parleurs de son casque annoncèrent, le tirant hors du sérieux atmosphère du jeu.

-Bien joué, Chuck! La voix de son partenaire et ami dit à travers son casque, le félicitant pour sa manœuvre talentueuse dans le jeu.

-Merci. Toi aussi! Tu veux jouer une autre partie? Charlie demanda sur un ton excité.

-Je ne peux pas. Ma mère m'appelle pour **le déjeuner**. Peut être plus tard!

-D'accord. À plus tard, alors! Charlie dit avant de se déconnecter. Il ouvrit un autre jeux et était sur le point de lancer une partie quand sa mère l'appela pour descendre prendre son déjeuner. Il soupira, déçu qu'il allait devoir attendre jusqu'à plus tard pour jouer davantage et enleva son casque et le mit sur son bureau avant de mettre **son ordinateur** en veille.

En sortant de sa chambre, il vit sa petite sœur descendre les escaliers pour aller à la cuisine pour le déjeuner et il perdit soudain tout contact avec la réalité et commença à voir son entourage autant qu'un environnement de jeu.

Charlie avança à travers **le couloir** sans faire de bruit, il se cacha derrière des meubles et des chaises avant de descendre **silencieusement les escalier**. Une fois derrière sa petite sœur, il lui donna un petit coup sur la tête avec son index qui était pointé comme un pistolet.

-Pam! Je t'ai eu! Dit-il.

-Arrête, tu es méchant! Sa petite sœur lui dit en se tournant pour lui taper la main.

-Tu n'est qu'une pleurnicheuse, Trixie! Dit-il. Je vais arriver avant toi au quartier général!

Et sur ce, il la poussa à coté et courut à la cuisine. Sa petite sœur roula les yeux au plafond à cause de **son comportement** et marcha calmement vers la cuisine.

-Maman, Charlie est entrain de faire l'idiot encore une fois! Elle se plaignit avant de s'asseoir.

-Trix, qu'est-ce qu'on a dit à propos d'insulter ton frère? Sa mère la réprimanda.

-Désolée... La petite fille s'excusa avant de tirer la langue à Charlie qui était entrain de lui sourire avec un air taquin.

-Merci d'avoir soutenu mon clan, grand maître. Charlie dit à sa mère. Et merci pour ce festin.

Sa mère laissa échapper un rire et secoua la tête en le regardant. -Je ne soutiens aucun clan, Charles. Tu ne doit pas **embêter** ta sœur. Dit-elle sur un ton strict mais pas cruel.

Charlie fit **une grimace** en entendant son prénom. -Je ne l'embêtait pas! Je jouait seulement avec elle! Comme ça, regarde! Il prit une olive du plat de condiments, la mit sur sa cuillère puis plia la cuillère de façon qui lui aurait permit de tirer l'olive sur Trixie lorsqu'il la lâcherait.

-Charles, n'ose même pas y penser! Sa mère le prévint. Le garçon soupira et posa la cuillère et l'olive. -Personne n'apprécie mon talent...

Sa mère laissa sortir un soupir et décida qu'il était temps d'avoir une discussion sérieuse avec le garçon.

-Charlie, mon chou, tu dois cesser d'agir comme si tout est un jeu. **Ton enseignant** m'a appelé l'autre jour et m'a dit que tu t'es bagarré avec ton camarade et que tu as refusé de t'excuser.

-Ça, c'était **différent**!

-Quand tu lui as demandé pourquoi tu devais t'excuser et qu'il t'a dit que c'était parce que tu l'avait vexé qu'avais-tu répondu?

-Je lui ai demandé comment il pouvait le savoir alors qu'il ne pouvait même pas lire ses données... Il murmura en évitant de regarder sa mère dans les yeux.

-Oui et je crois que tu sais bien que les gens ne peuvent pas... visualiser les données des autres, n'est-ce pas?

-Oui, Maman.

-Et tu sais que tu ne dois pas jeter des olives sur ta sœur, pas vrai?

-Oui.

-Et tu dois arrêter de dite que la maison du voisine est un "**Territoire** ennemi", c'est offensant.

-Mais leur chien ne cesse pas d'aboyer quand Trix et moi allons à l'école le matin! Il répondit à sa défense.

-Charlie. Sa mère dit pour le mettre en garde.

-D'accord je ne vais plus dire ça...

-Mon chéri, je ne veux pas te rendre triste. Mais si tu continues à agir comme ça, tu va avoir **des ennuis**. Sa mère dit en caressant sa **joue** affectueusement. Je m'inquiète pour toi, Charlie.

Il se sentit coupable d'avoir inquiété sa mère et lui sourit d'un air penaud. -Je suis désolé, maman. Parfois, je me laisse aller mais je te promets que je vais essayer de mieux me comporter dorénavant.

-Tant mieux, parce que sinon Maman et Papa vont **confisquer** tes jeux! Sa petite sœur menaça.

-Ils ne peuvent pas confisquer des jeux en ligne, petit génie!

-Et bien, alors il vont confisquer ton ordinateur!

-Allons, allons les enfants. Du moment que tout le monde se comporte sagement, rien ne va être confisqué et Charlie a promis de rester sage. Leur mère dit.

-Par contre, ceux qui ne finiront pas leurs assiettes ne vont pas avoir de dessert.

Les deux enfants échangèrent un regard avant de tourner leur attention sur leurs assiettes et il continuèrent de manger avec **enthousiasme**.

Vocabulary

La cité: *The city*

Allumés: *Lit*

Éteints: *Extinguished*

Nuages: *Clouds*

Télescope: *Telescope*

Bruits: *Noises*

Son partenaire: *His partner*

Ton équipe: *Your team*

Déjeuner: *Lunch*

Son ordinateur: *His computer*

Le couloir: *The hallway*

Silencieusement: *Silently*

Les escalier: *The stairs*

Son comportement: *His behavior*

Embêter: *To bother*

Une grimace: *A grimace, A wince*

Ton enseignant: *Your teacher*

Différent: *Different*

Territoire: *Territory*

Des ennuis: *Trouble*

Joue: *Cheek*

Confisquer: *Confiscate*

Enthousiasme: *Enthusiasm*

Charlie est un petit garçon qui était obsédé par les jeux vidéo. Il était entrain de jouer à un jeu en ligne avec un ami et il était si plongé dans le jeu qu'il fût surpris quand l'ordinateur annonça qu'il avait gagné. Quand on l'appela prendre son déjeuner, il ne put sortir de l'état d'esprit du joueur qu'il était et il se comporta comme s'il jouait encore à un jeu. Sa petite sœur était embêté par son comportement et elle informa leur mère qui le réprimanda par la suite. Sa mère lui demanda de cesser d'agir comme si tout les aspects de la vie était liés aux jeux vidéo et Charlie lui promit qu'il allait se corriger.

Summary of the story

Charlie is a little boy who is obsessed with video games. He had been playing a game online with a friend and he was so immersed in it that he was surprised when the computer announced that he had won. When he was called down to lunch, he couldn't shake off the Gamer persona and behaved as if he was still playing a game. His little sister was bothered by his behavior and she informed their mother who then proceeded to admonish him. His mother asked him to stop acting like everything in life was related to video games and Charlie promised that he would be good.

Questions About The Story

1) **Quel est le nom du personnage principale?**
    A. Trixie
    B. Jacob
    C. Riley
    D. Charlie

2) **Qu'aimait faire le personnage principale?**
    A. Jouer aux cartes
    B. Jouer au football
    C. Jouer aux jeux de société
    D. Jouer aux jeux vidéos

3) **Quel était sa position dans le jeu qu'il jouait au début de l'histoire?**
    A. Un tireur d'élite
    B. Un super héros
    C. Un dragon
    D. Un joueur de football

4) **D'après lui, comment peuvent les gens savoir ce que les autres ressentent?**
    A. En leur demandant
    B. En devinant
    C. En regardant leurs données
    D. En demanda à leur meilleur ami

5) **Qu'avait-il promit à sa mère?**
    A. Qu'il allait être sage
    B. Qu'il allait finir son assiette
    C. Qu'il allait faire ses devoirs
    D. Qu'il allait se coucher tôt

Questions

1) **What's the name of the main character?**
    A. Trixie
    B. Jacob
    C. Riley
    D. Charlie

2) **What did the main character like doing?**
    A. Playing cards
    B. Playing soccer
    C. Playing board games
    D. Playing video games

3) **What was his role in the game he had been playing at the beginning of the story?**
    A. A sniper
    B. A super hero
    C. A dragon
    D. A soccer player

4) **According to him, how can people know what other people are feeling?**
    A. By asking them
    B. By guessing
    C. By looking at their stats
    D. By asking their best friend

5) **What did he promise his mother?**
    A. That he would behave better
    B. That he would finish his food
    C. That he would do his homework
    D. That he would sleep early

Answers

1) D
2) D
3) A
4) C
5) A

Chapter 5. Bateau en bouteille

Un après-midi **nuageux**, alors que la brise soufflait doucement pour apporter un peu de fraîcheur, un vieil homme et sa petite-fille entrèrent dans une boutique de **bibelot** au bord de la mer. Tandis que le **vieil** homme alla parler avec le **propriétaire** de la boutique qui était son ami, la **petite** fille profita de l'**occasion** pour regarder autour d'elle et observer ce qu'il y avait dans la boutique comme articles.

Elle admira les différents petits bibelots qui paraissaient être des **souvenirs** ramenés de **voyages** à travers de différents et lointains **mondes**.

Elle vit quelques **carillons éoliens**, tous de différentes couleurs et tailles ce qui indiquait qu'ils étaient **collectionnés** à travers les années plutôt que fournis en gros depuis un stock d'**usine**. Elle passa les **doigts** à travers eux et se détendit en entendant le son de leur **doux** tintement avant de passer à l'objet suivant qui attira son attention, les capteurs de **rêves**.

Les objets circulaires avaient des filets tissés en différents motifs et **décorés** avec des **perles** colorées ainsi que de très belles **plumes** qui étaient **suspendues** sur la partie inférieur. Chaque **capteur** de rêves paraissait **unique** et diffèrent des autres.

Après qu'elle les eut admirés assez **longtemps**, elle se tourna aux jolies **poupées russes** qui étaient mises en **valeur** sur une **étagère** qui leur avait été dédiée. Elle rigola en voyant à quel point les poupées rondes étaient **mignonnes** et sourit avec affection en admirant leurs **couleurs**.

En dans l'étagère qui était en dessous, il y avait des **œufs** de joaillier, émaillés d'**or** et d'**argent** et incrustés de **pierres précieuses** qui brillaient dans la faible lueur, ils avaient l'air très chers et elle se demanda ce qu'ils faisaient dans une boutique de bibelot au lieu d'être dans une **bijouterie**.

Cependant, ce qui attira l'attention de la petite fille le plus étaient les **bateaux en bouteilles** qui étaient dans un **coin** de la boutique. Ils étaient sur un présentoir de façon à ce que chaque bateau était sur une **étagère**. Certains étaient plus larges que les autres mais ils inspirèrent tous la même émotion : l'**émerveillement**.

-As-tu trouvé quelque chose qui t'a plu, Aria ? Son **grand-père** dit de l'autre côté du magasin où le comptoir se situait.

-Je suis juste entrain d'observer ! Répondit-elle sans détourner son **regard** des bateaux en bouteilles. -Mais, comment... ? Murmura-t-elle.

Comment étaient-ils faits ? Était ce qu'elle se demandait. Comment est-ce que les gens sont arrivés à faire rentrer des bateaux de cette taille dans des bouteilles à travers leurs petites ouvertures ?

Le propriétaire du magasin et son grand-père se rendirent où elle se tenait et tandis que son grand-père serra un bras autour de ses **épaules**, l'autre homme prit l'une des bouteilles.

-Tu te demandes comment ils sont faits, n'est-ce pas ? Il questionna avec un doux regard.

-Oui ! Comment avez-vous su ?

Le vieil homme rigola et lui tapota la **tête** tendrement. -Tout le monde se pose cette question quand ils les voient. Dit-il en lui passant la bouteille.

Aria tendit ses mains et lui prit le bateau. Elle le tint au niveau de ses yeux et plissa ces derniers pour voir tous les détails du bateau. Il était fait en **bois** et les **voiles** semblaient être faits en papier. Tout avait l'air réel, du nom peint sur le côté bateau au nid de pie sur le point le plus haut.

-Alors... vous savez comment ça a été fait ? Demanda-t-elle curieusement au propriétaire de la boutique en lui repassant le précieux objet.

Le vieil homme hocha la tête et se tourna vers elle après avoir remis la bouteille à sa place.

-Certains croient qu'il y a longtemps de cela, quand les **marins** oublièrent leurs bouteilles ouvertes avant de s'endormir, de toutes petites créatures sortaient de leurs cachettes et construisaient des bateaux qui flottèrent sur le liquide qui était dans la bouteille.

Quand le liquide séchait au lever du jour, les créatures disparaissaient après avoir fini leur tâche et seul le bateau restait dans la bouteille, la rendant inutilisable. Les marins n'avaient pas d'autres choix que de garder les bateaux en bouteilles pour décorer ou les vendre aux touristes.

Émerveillée par la légende, Aria ne dit rien à travers le récit du vieux vendeur.

-Cependant, le vieil homme reprit la parole. -Les humains commencèrent à copier le travail des minuscules êtres et commencèrent à créer ces modèles eux-mêmes. D'ailleurs, Dit-il en regardant son grand père. -Ton vieillard sait comment les fabriquer. Tous ces modèles ont été faits par ton grand-père !

Aria laissa échapper un **souffle** et tourna la tête pour faire face à son grand-père. -Vraiment ? Murmura-t-elle.

Grand-père rigola et la serra contre lui. -En effet. On peut en faire un quand on rentre à la maison si tu veux. Lui dit-il.

-Oui, s'il te plaît ! Dit-elle avec grand enthousiasme.

Tenant sa parole, lorsqu'ils retournèrent chez lui, grand-père ramena du bois, du papier, de la **colle** et d'autres matériaux dont ils avaient besoin pour faire le modèle.

-Tout d'abord, on va construire la base du bateau. Son grand-père lui dit en prenant un morceau de bois et en commençant à le **sculpter** avant de le peindre en marron foncé. -Puis, on commence par le glisser à l'intérieur de la bouteille. On va monter les différentes pièces du bateau à l'intérieur de la bouteille.

Il fit cela avant de demander à sa petite fille de dessiner des formes de voiles sur le papier. -Maintenant, coupe-les pendant que je noue le fil qui va servir de **cordes** à la base du bateau.

Les deux travaillèrent en silence, chacun plongé dans sa **tâche** et quand il était temps pour la touche finale, grand-père utilisa deux longs crochets en **métal** pour tirer les fils qui étaient noués aux voiles et en tirant rapidement sur eux, les voiles s'étendirent et l'**œuvre** fut terminée.

-Juste un dernier petit détail. Dit-il en lui passant le **bouchon** en liège. -Tu veux bien ?

-Avec plaisir ! Aria prit la pièce en bois dans sa main et l'inséra dans l'ouverture de la bouteille en verre. -Voilà. C'est fini !

Vocabulary

Nuageux: *Cloudy*

Bibelot: *Trinket*

Vieil: *Old*

Propriétaire: *Owner*

Petite: *Little*

Occasion: *Occasion*

Souvenirs: *Memento*

Voyages: *Travels*

Mondes: *Worlds*

Carillons éoliens: *Wind chimes*

Collectionnés: *Collected*

Usine: *Factory*

Doigts: *Fingers*

Doux: *Soft*

Rêves: *Dreams*

Décorés: *Decorated*

Perles: *Beads, pearls*

Plumes: *Feathers*

Suspendues: *Hanging*

Capteur: *Catcher*

Unique: *Unique*

Longtemps: *Long time*

Poupées russes: *Matryoshka dolls, Russian dolls*

Valeur: *Value*

Étagère: *Shelf*

Mignonnes: *Cute*

Couleurs: *Colors*

Œufs: *Eggs*

Or: *Gold*

Argent: *Silver*

Pierres précieuses: *Gems*

Bijouterie: *Jewellery*

Bateaux en bouteilles: *Ships in bottles*

Coin: *Corner*

Étagère: *Shelf*

Émerveillement: *Awe*

Grand-père: *Grandfather*

Regard: *Look, Expression*

Épaules: *Shoulders*

Tête: *Head*

Bois: *Wood*

Voiles: *Sails*

Marins: *Sailors*

Souffle: *Breath*

Colle: *Glue*

Sculpter: *To carve*

Cordes: *Ropes*

Tâche: *Task*

Métal: *Metal*

Œuvre: *Artwork*

Bouchon: *Cork*

Résumé de l'histoire

Aria et son grand-père allèrent à un magasin de bibelots au bord de la mer et lorsque son grand-père parlait au propriétaire du magasin, elle en profita pour admirer ce qu'il y avait comme objets qui étaient présentés sur les étagères du magasin. Elle vit des carillons éoliens, des capteurs de rêves, des œufs de joaillier et même des poupées russes mais ce qui captura son attention le plus était une collection de bateaux en bouteille qui étaient dans un coin du magasin. Le propriétaire lui avait raconté une légende sur comment le premier objet de ce type avait été fait par des êtres minuscules et l'informa que certains humains avaient apprit à copier leur travail, son grand-père étant l'un d'eux et quand elle et son grand-père rentrèrent à la maison, il lui apprit comment fabriquer un modèle de bateau en bouteille.

Summary of the story

Aria and her grandfather went to a trinket shop by the sea and while her grandfather spoke to the shopkeeper, she wandered around and admired the items that were displayed on the shelves of the shop. She saw wind chimes, dream catchers, jeweled eggs and even Russian dolls but what caught her interest the most was a collection of ships in bottles displayed in a corner in the shop. The shop keeper had told her a legend about how the first items of that kind were made by tiny creatures and then informed her that some humans learned to mimic their work, her grandfather included, and when she and her grandfather went home, he taught her how to make a model of a bottled ship.

Questions About The Story

1) **Quel est le nom du personnage principale?**
   - **A.** Andria
   - **B.** Aleah
   - **C.** Alia
   - **D.** Aria

2) **Où était-elle au début de l'histoire?**
   - **A.** Dans un magasin de jouets
   - **B.** Dans une bijouterie
   - **C.** Dans une boutique de bibelots
   - **D.** Dans une boulangerie

3) **Avec qui était-elle?**
   - **A.** Son grand-père
   - **B.** Sa mère
   - **C.** Sa tante
   - **D.** Son frère

4) **Lequel de ces objets n'était pas dans le magasin?**
   - **A.** Un coffre en bois sculpté
   - **B.** Un capteur de rêves
   - **C.** Un bateau en bouteille
   - **D.** Un carillon éolien

5) **Qu'avaient elle et son grand-père fait quand ils étaient de retour à la maison?**
   - **A.** Ils avaient fabriqué un bateau en bouteille
   - **B.** Ils avaient mangé leur dîner
   - **C.** Ils avait fabriqué un cerf-volant
   - **D.** Ils avaient regardé un film

Questions

1) What's the name of the main character?
    A. Andria
    B. Aleah
    C. Alia
    D. Aria

2) Where was she at the beginning of the story?
    A. In a toys' store
    B. In a jeweler's shop
    C. In a trinket shop
    D. In a bakery

3) Who was she with?
    A. Her grandfather
    B. Her mother
    C. Her aunt
    D. Her brother

4) Which of these objects wasn't in the shop?
    A. Carved wooden chest
    B. Dreamcatcher
    C. Ship in a bottle
    D. Wind chime

5) What did she and her grandfather do when they went home?
    A. They made a ship in a bottle
    B. They had dinner
    C. They made a kite
    D. They watched a movie

Answers

1) D
2) C
3) A
4) A
5) A

CHAPTER 6. DES BONBONS POUR CHAQUE REPAS?

C'était calme et silencieux chez les Walter, mis à part les sons de claquement de **fourchettes** contre les plats. Toute la famille était **réunie** pour savourer leur déjeuner ensemble et bien qu'ils parlèrent à certains moments, ils étaient principalement concentrés sur leurs **assiettes**.

Jayden le membre le plus jeune de la famille prit un **morceau** de carotte avec sa fourchette et **le regarda** curieusement. Ça n'avait pas un mauvais **goût** et il n'avait jamais eu de problèmes pour manger ses **légumes** mais il ne les trouvait pas aussi bons que du chocolat ou des **bonbons**.

-Est-ce qu'il y a un problème avec ta **nourriture**, mon grand? Demanda son père qui avait préparer le **déjeuner** ce jour-là en le voyant regarder le morceau de carotte.

-Non. Tout est bon. Jayden dit en mettant le morceau de légume dans sa **bouche**.

-Pourquoi regardais-tu tes carottes comme ça, alors? Demanda sa mère.

Le petit garçon **haussa ses épaules** avec nonchalance. -C'est juste que **je ne comprends pas**.

Sa **réponse** vague n'éclaircit rien pour ses parents et son père lui demanda ce qu'il ne comprit pas exactement.

Jayden finit de **mâcher** sa nourriture avant de répondre. -Et bien, pourquoi devons-nous manger des légumes et de la **viande** et des **pattes** et tout quand on peut manger des **trucs** bons au lieu de ça?

-Tu ne trouves pas que les pattes sont bonnes? J'ai cru que tu aimais les spaghetti aux **boulettes de viande**. Son père lui dit. Tu avais dit que c'était bon la dernière fois que nous en avons mangé.

-Ouai, ce n'est pas mal je crois... Il **soupira** avant de prendre **un peu** de brocoli de son assiette et de le manger.

Ses parents **se regardèrent** avant que sa mère ne lui demanda ce qu'il voulait dire par des trucs bons.

-Et bien, tu sais... Il posa sa fourchette et regarda ses parents. Des barres de chocolats et des **sucettes** et des bonbons. Des trucs bons comme ça. Pourquoi ne pouvons-nous pas en manger à chaque **repas**? On n'en mange qu'autant que **gâteries** et dans les **fêtes**.

-Et bien, c'est parce qu'ils ne sont pas très **nutritifs**. Son père lui dit.

Jayden ne savait pas ce que "nutritifs" voulait dire et fixa son père du regard. Celui-ci reçu le message et **commença** à expliquer en termes plus simples.

-Tu n'auras pas de vitamines ni de protéines en mangeant des bonbons. Ce n'est en réalité que du **sucre**... et il y a aussi du **gras** dans du chocolat et quelques autres sortes de bonbons.

-Je croyais que le sucre **nous donne** de l'énergie. Jayden dit en retour.

-Et bien, c'est vrai mais seulement en **petites quantités**. Et il y a aussi quelques types de sucre plus complexes qui nous donnent de l'énergie de **façons meilleurs** et tu peux en trouver dans les **pommes de terre** et les pattes. La maman de Jayden lui expliqua en montrant son assiette du doigt.

Il regarda la part de **purée de pomme de terre** qui était dans son assiette et en prit **une bouchée** avant de retourner son attention vers ses parents. -Haylee prend ces **pilules** qui contiennent des vitamines à l'intérieur. Dit-il en pointant sa fourchette sur sa grande sœur. Pourquoi on en prend pas à la place des légumes? Comme ça on aura des vitamines et on gardera de la place dans nos **ventres** pour les bonbons?

-Et bien, ces pilules s'appellent des suppléments et ils ne sont utilisés que pour t'aider. Haylee mange quand même tous ses légumes et sa nourriture, n'est-ce pas? Sa mère répondit.

-Oui, je suppose...

-Et les suppléments ne contiennent pas de fibres. Les fibres sont très importantes parce qu'elles aident ton ventre pour

digérer ta nourriture. Si tu ne manges pas assez de fibres, tu peux avoir des **maux d'estomac**. Son père ajouta.

-Et même quand tu manges ta nourriture, tu peux quand même avoir mal au ventre en mangeant trop de bonbons et de **sucreries**. Tu te rappelles de la fois où tu avais mangé la moitié du gâteau d'**anniversaire** de Grand-mère? Sa mère demanda en arquant son sourcil.

Jayden fit une grimace en se rappelant du souvenir. Non seulement il avait eu terriblement mal au ventre, il avait dû **boire** un horrible sirop **amer** pour se remettre de son malaise. Beurk! Oui. Je m'en rappelle.

-Et les bonbons te font grossir! Sa grande sœur lui dit. C'était la première fois qu'elle avait parlé depuis le début de la conversation.

Jayden **fronça ses sourcils** et la regarda curieusement. Comment était-il possible pour un tout petit morceau de caramel de **faire grossir** qui que ce soit? Il regarda son assiette qui était encore à moitié pleine. Si quelque chose avait le potentiel de faire grossir les gens, ça devrait être les **immenses** quantité de nourriture qu'ils mangeaient à chaque repas. -Je crois que les pattes et la purée de pomme de terre peuvent te rendre encore **plus grosse** que les bonbons... Répondit-il.

-Tu as besoin de glucides et tu peux en avoir en mangeant des pattes, des pommes de terre et du pain ainsi que des aliments **semblables** et ton corps prend un peu de temps pour les transformer en sucre, et donc tu ne grossis pas en les mangeant sauf si tu en manges plus que tu en ai censé. Les légumes ne contiennent pas **beaucoup** de sucre, et la viande n'en contient pas du tout. Mais les bonbons son purement fait en sucre et à part si tu es entrain de faire des activités qui **brûlent** ce sucre rapidement, ton corps va le garder dans sous forme de gras. En y pensant, manger **équilibré** t'aide à rester en forme parce que tu remplis ton ventre avec des choses qui sont bonnes pour ton corps et tu te sens **rassasié** et du coup tu ne **grignotes** pas en mangeant des bonbons. Dit-elle en lui pinçant la joue joyeusement.

-Je comprends que les pattes et les pommes de terre me donnent de l'énergie et que les légumes gardent mon ventre **en bonne santé** mais quel est l'intérêt de la viande. Le petit garçon demanda, sur un ton qui défia ses parents. Bon, il **avoua** que la viande avait un bon goût en quelques sortes, mais ce n'était pas **mieux** que les bonbons.

-La viande t'aide à **grandir**. Les gens ayant des muscles impressionnants mangent beaucoup de **viande**, des **poissons** et des **œufs** pour avoir des protéines. Tout comme le **lait** aide tes os à devenir plus forts, la viande aide tes muscles aussi. Son père répondit en pliant son **bras** pour montrer son biceps à Jayden.

Bon, Jay devait admettre que l'idée d'avoir des muscles comme ceux de son père était **vraiment** cool et il voulait grandir et devenir fort comme lui. Il regarda son assiette, prit sa fourchette et recommença à manger. Une fois qu'il eut fini son assiette, il regarda son père et demanda: -**Alors**, on mange quoi pour le dessert?

Tout les membres de la famille qui étaient à table **secouèrent leur têtes** affectueusement.

-**Une salade de fruits**. Son père lui dit et l'expression déçue de Jayden fit rire tout le monde.

Vocabulary

Fourchettes: *Forks*

Réunie: *Gathered*

Assiettes: *Plates*

Morceau: *Piece*

Le regarda: *Looked at it*

Goût: *Taste*

Légumes: *Vegetables*

Bonbons: *Candy*

Nourriture: *Food*

Déjeuner: *Lunch*

Bouche: *Mouth*

Haussa ses épaules: *Shrugged his shoulders*

Je ne comprends pas: *I don't understand*

Réponse: *Answer*

Mâcher: *To chew*

Viande: *Meat*

Pattes: *Pasta*

Trucs: *Things*

Boulettes de viande: *Meatballs*

Soupira: *Sighed*

Un peu: *A little bit*

Se regardèrent: *Looked at each other*

Sucettes: *Lollipop*

Repas: *Meals*

Gâteries: *Treats*

Fêtes: *Parties*

Nutritifs: *Nutritious*

Commença: *Started*

Sucre: *Sugar*

Gras: *Fat*

Nous donne: *Gives us*

Petites quantités: *Small amounts*

Façons meilleurs: *Better ways*

Pommes de terre: *Potatoes*

Purée de pomme de terre: *Potato mash*

Une bouchée: *A mouthful*

Pilules: *Pills*

Ventres: *Bellies*

Digérer: *To digest*

Maux d'estomac: *Stomach aches*

Sucreries: *Sweets*

Anniversaire: *Birthday*

Boire: *To drink*

Amer: *Bitter*

Fronça ses sourcils: *Knit his eyebrows*

Faire grossir: *To make fat*

Immenses: *Huge*

Plus grosse: *Fatter*

Semblables: *Similar*

Beaucoup: *Many, A lot*

Brûlent: *Burn*

Équilibré: *Balanced*

Rassasié: *Full*

Grignotes: *Snack*

En bonne santé: *In good health*

Avoua: *Admitted*

Mieux: *Better*

Grandir: *To grow*

Poissons: *Fish*

Œufs: *Eggs*

Lait: *Milk*

Bras: *Arm*

Vraiment: *Really*

Alors: *Then*

Secouèrent leur têtes: *Shook their heads*

Une salade de fruits: *A fruit salad*

Résumé de l'histoire

La famille de Jayden était rassemblée autour de la table dans la cuisine pour le déjeuner et ils mangèrent tous en silence jusqu'à ce qu'il parla. Il demanda à ses parents pourquoi ils ne pouvaient pas simplement manger des bonbons à chaque repas au lieu de manger des légumes, des pattes et de la viande. Malgré qu'il ne détestait pas ces trucs là, il pensait que les bonbons étaient bien plus bons et il aurait préféré les manger à la place. Ses parents lui expliquèrent que ces aliments avaient des nutriments dont son corps avait besoin pour grandir et rester en bonne santé: les légumes contiennent des vitamines et des fibres qui aident sa digestion, les pattes contiennent des glucides qui lui donnent de l'énergie et la viande contient des protéines qui aident la croissance de ses muscles. Jayden finit par être satisfait par leurs réponses mais il était quand même déçu quand il sut qu'il n y aurait pas de gâteau au chocolat pour le dessert.

Jayden's family was gathered at the kitchen table for lunch and they all ate silently until he spoke. He asked his parents why they couldn't simply eat candy at every meal instead of eating vegetables, pasta and meat. Though he didn't hate the taste of those things, he thought that candy tasted much better and he would have preferred to eat that. His parents explained to him that those foods have nutrients that his body needed to grow and stay healthy: Vegetables had vitamins and fibers that help his digestion, pasta had carbs that give him energy and meat had protein that helps his muscles grow. Jayden was eventually satisfied with their answer but was still disappointed when he learned there would be no chocolate cake for desert.

Questions About The Story

1) **Quel est le nom du personnage principale?**
    - **A.** Haylee
    - **B.** Jayden
    - **C.** Bobby
    - **D.** Riley

2) **Où était-il au début de l'histoire?**
    - **A.** Dans la cuisine
    - **B.** Dans le salon
    - **C.** Dans la salle de bain
    - **D.** Dans le jardin

3) **Que voulait-il manger?**
    - **A.** Des bonbons
    - **B.** Des pattes
    - **C.** Des bananes
    - **D.** Du poulet

4) **D'après le père de Jayden, qu'est-ce qui aide la digestion?**
    - **A.** Les vitamines
    - **B.** Les glucides
    - **C.** Les fibres
    - **D.** Les proteins

5) **Qu'avait préparé le père de Jayden pour le dessert?**
    - **A.** Un Cheesecake
    - **B.** Une tarte aux pommes
    - **C.** Un gâteaux au chocolat
    - **D.** Une salade de fruits

Questions

1) **What is the name of the main character?**
- **A.** Haylee
- **B.** Jayden
- **C.** Bobby
- **D.** Riley

2) **Where was he at the beginning of the story?**
- **A.** In the kitchen
- **B.** In the living room
- **C.** In the bathroom
- **D.** In the garden

3) **What did he want to eat?**
- **A.** Candy
- **B.** Pasta
- **C.** Bananas
- **D.** Chicken

4) **According to Jayden's father, what helps with digestion?**
- **A.** Vitamins
- **B.** Carbs
- **C.** Fibers
- **D.** Protein

5) **What did Jayden's father make for dessert??**
- **A.** Cheesecake
- **B.** Apple pie
- **C.** Chocolate cake
- **D.** Fruit salad

Answers

1) B
2) A
3) A
4) C
5) D

CHAPTER 7. SUR ET SECURISE

Eleanor tapota ses doigts sur son **bureau** en observant la **progression** de ses téléchargements sur l'écran de son **ordinateur**. Elle avait trouvé de très bons **jeux** en ligne et elle pensait qu'elle allait pouvoir s'amuser en y jouant et passer le temps avec durant ses vacances d'**été** quand il ferait trop chaud pour sortir **jouer** dehors.

Cependant, après avoir vu les descriptions des jeux, elle devint surexcitée et voulu les essayer **immédiatement**. Le seul problème était qu'ils prenaient trop de temps pour se télécharger et elle commença à perdre **patience**.

-Arrghhh ! Elle cria avec frustration. Alleeeez ! Plus rapidement, je vous en supplie !

Sa grande **sœur** qui passait devant sa chambre à ce moment-là devint **curieuse** et frappa sur la porte ouverte de sa chambre. -Est-ce que je peux entrer ? Demanda-t-elle.

-Bien sûr... Répondit Eleanor avec **distraction**.

-Qu'est-ce qui se passe, Elle ? Sa sœur demanda en s'asseyant sur le bord de son **lit**.

-C'est juste cette **stupide** connexion internet qui est trop **lente** ! J'attends le téléchargement de ces fichiers depuis des lustres ! La fillette répondit avec **rage**.

Tu es entrain de télécharger des fichiers ? Est-ce qu'ils proviennent d'une source sécurisée ? Sa sœur demanda en mettant une **mèche** de ses cheveux derrière son **oreille** et en se penchant en avant pour **regarder** l'écran de l'ordinateur.

Eleanor haussa ses épaules et dit qu'elle n'avait pas vérifié la source en réalité. -Je ne connais même pas la différence entre une source qui est sécurisée et une autre qui ne l'est pas.

-Et bien, laisses-moi te montrer. Sa sœur se leva et se mit derrière sa chaise avant de se pencher en avant et de prendre la **souris**. Elle alla sur un **site** et utilisa le **curseur** de la souris pour montrer la partie supérieure du **navigateur** où le lien du site était écrit.

-Tu vois ce **cadenas** ? Ça veut dire que le site sur lequel tu es est **sûr** et **vérifié**. Tout ce que tu télécharges depuis ce site ne va pas faire de mal à ton ordinateur. Elle l'informa avant de lui demander d'aller sur le site depuis lequel elle avait téléchargé ses jeux.

-Regarde ! Il y a un cadenas vert ! La fillette dit en montrant du doigt l'icône en question.

Sa sœur hocha la tête avant de fermer l'onglet. -Oui, ce site est aussi sécurisé. Donc, tes jeux ne sont pas dangereux.

Eleanor hocha la tête, ayant compris. -Qu'est-ce qui se passerait si je télécharge des trucs à partir de sites non vérifiés ?

-Et bien, ça dépend. Parfois, rien de grave. Si tu as de la chance rien de mauvais ne se passe mais parfois tu peux avoir des virus sur ton système.

Eleanor pencha la tête curieusement sur le côté et demanda à sa sœur ce qu'était un virus et comment fonctionnait-il. -J'entends toujours les **gens** en parler mais, je n'ai jamais compris ce qu'est vraiment un virus d'ordinateur.

-Bon alors, un virus d'ordinateur est un type de **logiciels malveillants**. Comme d'autres logiciels de ce genre, les virus sont des programmes qui s'exécutent avec d'autres programmes. Dans notre cas, un virus pourrait s'exécuter avec l'un des jeux que tu es entrain de télécharger et se copier sur ton système. Il peut exécuter des instructions dangereuses qui peuvent **endommager** tes fichiers et ralentir ton ordinateur.

-Oh ! C'est ce qui se passe quand on attrape **froid**, n'est-ce pas ? Ça rentre dans nos corps et nous rend malade et alités. La petite fille remarqua.

-Oui ! En fait, c'est la raison pour laquelle ce type de logiciels malveillants est nommé un virus. Car ça marche de la même manière qu'un virus de **rhume** où de **grippe**. Sa sœur lui dit.

-Tu continues à répéter les mots "Ce type de logiciels malveillants", quels sont les autres types ? Eleanor demanda en se penchant en avant dans sa chaise.

-Et bien, il y a plusieurs autres types. L'un d'eux est un type qu'on appelle un cheval de Troie. Connais-tu l'histoire du **cheval de Troie** dans l'histoire ?

Eleanor secoua la tête, indiquant que non.

-Bon, dans la mythologie grecque, on dit que la femme du roi de Sparte, Hélène, avait été **kidnappée** et emmenée à Troie. Ceci poussa le roi à demander de l'aide auprès des Grecs qui acceptèrent d'aller au secours d'Hélène. Mais, la cité de Troie était protégée avec de grands murs et on ne pouvait pas y accéder facilement et donc le général Grec Ulysse pensa à jouer un tour pour s'y introduire et **sauver** Hélène avec ses **guerriers**.

Et donc, les Grecs battirent un immense **cheval** en **bois** et le laissèrent hors du portail de Troie en guise d'offrande et l'armé fit semblant de battre en retraite.

Les gens de Troie, contents de leur **victoire**, tirèrent le cheval à l'intérieur de la **cité** et le mirent au centre pour que tout le monde puisse l'admirer. La nuit, quand tout le monde dormait, quelques guerriers qui étaient cachés à l'intérieur du cheval en sortirent et ouvrirent les **portails** de Troie pour le reste de l'armé et à partir de là, tu peux facilement deviner qui avait gagné cette guerre.

Eleanor écouta l'histoire avec fascination avant de demander quel **lien** ça avait avec le logiciel malveillant.

-Le cheval de Troie marche d'une façon **semblable**. Il se fait passer pour un logiciel inoffensif pour te pousser à le télécharger et l'installer et une fois sur ton système, il peut donner accès aux attaquants à tes fichiers et ils pourront t'**espionner**, **voler** tes fichiers et même télécharger plus de logiciels malveillants sur ton ordinateur.

-Oh... C'est horrible ! Eleanor dit en regardant l'écran de son ordinateur. Ses téléchargements étaient toujours en cours et elle retourna son attention sur sa sœur. Comment pourrais-je protéger mon ordinateur des logiciels malveillants ?

-Tu peux utiliser un logiciel **antivirus**. Ils te préviennent en général quand tu es sur le point de télécharger quelque chose de suspect et tu peux même les utiliser pour nettoyer ton ordinateur et te débarrasser des logiciels malveillants qui y sont déjà. Comme je l'ai déjà dit, évite d'aller sur des sites qui ne sont pas vérifiés et sécurisés et ne télécharge rien à partir d'une source inconnue. Et pour être sûre, s'il y a des fichiers importants sur ton ordinateur, fais-en une copie de secours et charge-la sur un drive en ligne ou sur une clé USB juste pour ne pas perdre tes données en cas ou quelque chose arrive à ton système.

Eleanor hocha la tête avec **enthousiasme** et remercia sa sœur pour ses explications. -Tout est plus clair maintenant.

Elle se tourna vers son ordinateur et vit que les téléchargements de ses jeux étaient terminés et elle lança leurs installations avec excitation. Maintenant qu'elle était sûre qu'ils n'étaient pas dangereux pour son ordinateur, elle allait s'amuser en y jouant encore plus.

Vocabulary

Bureau: *Desk*

Progression: *Progress*

Ordinateur: *Computer*

Jeux: *Games*

Été: *Summer*

Jouer: *To play*

Immédiatement: *Immediately*

Patience: *Patience*

Sœur: *Sister*

Curieuse: *Curious*

Distraction: *Distraction*

Lit: *Bed*

Stupide: *Stupid*

Lente: *Slow*

Rage: *Rage, Anger*

Mèche: *Fringe, Bangs*

Oreille: *Ear*

Regarder: *To look*

Souris: *Mouse*

Site: *Website*

Curseur: *Cursor*

navigateur: *Browser*

Cadenas: *Padlock*

Sûr: *Safe*

Vérifié: *Verified, secure*

Gens: *People*

Logiciels: *Softwares*

Malveillants: *Malicious*

Endommager: *To damage*

Froid: *Cold*

Rhume: *Flu*

Grippe: *The cold (virus)*

Cheval de Troie: *Trojan horse*

Kidnappée: *Kidnapped*

Sauver: *To save*

Guerriers: *Warriors*

Cheval: *Horse*

Bois: *Wood*

Victoire: *Victory*

Cité: *City*

Portails: *Gates*

Lien: *Link*

Semblable: *Similar*

Espionner: *To spy*

Voler: *To steal*

Antivirus: *Antivirus software*

Enthousiasme: *Enthusiasm*

Eleanor était assise en face de son ordinateur et attendait la fin du téléchargement de ses jeux. Ça prenait beaucoup de temps et elle commençait à perdre patience. Sa grande sœur passa par sa chambre et lui demanda ce qui allait mal, et après qu'Eleanor lui expliqua, sa sœur lui demanda si elle était sûre que la source de ses téléchargements était sécurisée. Eleanor lui dit qu'elle ne savait pas et après qu'elles vérifièrent et s'assurèrent que les téléchargements n'étaient pas suspicieux, sa grande sœur lui parla de deux types de logiciels malveillants, les Virus et les chevaux de Troie et lui expliqua comment ils pouvaient nuire à son système. Elle lui parla aussi de l'histoire du cheval de Troie et elle lui dit comment faire pour protéger son ordinateur des logiciels malveillants.

Summary of the story

Eleanor was sitting at her computer desk, waiting for her games to finish downloading. It was taking a lot of time and she was losing her patience. Her elder sister passed by her room and asked her what was the matter and after Eleanor explained, her sister asked her if she was sure that the source of her downloads was secure. Eleanor told her that she didn't know and after checking and making sure that her downloads were not suspicious, her elder sister told her about two types of malware, Viruses and Trojans and how they could harm her system.

Questions About The Story

1) Quel est le nom du personnage principale?
- **A.** Ellen
- **B.** Eliza
- **C.** Eleanor
- **D.** Elise

2) Que téléchargeait-elle au début de l'histoire?
- **A.** De la musique
- **B.** Des images
- **C.** Des films
- **D.** Des jeux

3) Qui l'avait rejoint dans sa chambre ?
- **A.** Sa sœur
- **B.** Sa grand-mère
- **C.** Sa tante
- **D.** Sa mère

4) D'après le texte, quelle est la couleur de l'icône qui indique qu'un site est sûr?
- **A.** Bleue
- **B.** Marron
- **C.** Verte
- **D.** Rouge

5) Lequel de ces logiciels malveillants à été mentionné dans le texte?
- **A.** Les adwares
- **B.** Les logiciels espions
- **C.** Le Ver
- **D.** Le cheval de Troie

Questions

1) **What is the name of the main character?**
    A. Ellen
    B. Eliza
    C. Eleanor
    D. Elise

2) **What was she downloading at the beginning of the story?**
    A. Music
    B. Images
    C. Movies
    D. Games

3) **Who joined her in her room?**
    A. Her sister
    B. Her grandmother
    C. Her aunt
    D. Her mother

4) **According to the text, what is the color of the icon that indicates that a website is secure?**
    A. Blue
    B. Brown
    C. Green
    D. Red

5) **Which of these malwares was mentioned in the text?**
    A. Adware
    B. Spyware
    C. Worm
    D. Trojan horse

Answers

1) C
2) D
3) A
4) C
5) D

Chapter 8. Minuscule

Le **soleil** baignait le monde dans sa **chaleur** et sa **lumière** éclaircit les **fleurs** en éclosion. Ce beau **matin**, une petite fille regardait le joli **jardin** de sa **grand-mère** depuis le bord de la **fenêtre** de sa **chambre**, en tenant un verre de **limonade** dans sa main.

Elle soupira joyeusement après avoir pris une bonne bouffée d'air frais qui portait les douces **odeurs** des plantes puis, pencha sa tête sur la fenêtre, ayant la **paisible** sensation d'être chez elle.

Soudain, un petit mouvement irrégulier saisit sont attention et elle concentra son regard sur la source de ce mouvement qui était une toute petite **araignée** suspendue au **bout** d'un **fil** qui était emporté par la **brise**.

Felicity rigola sur la scène bizarre qui lui rappela, en fait, un film qu'elle avait regardé il n'y avait pas très longtemps avec ses grands-parents.

-Cette araignée parait exactement comme les **cambrioleurs** qui étaient descendu du plafond pour voler le joyau du **musée** royal. Pensa-t-elle en regardant le petit insecte s'éloigner d'elle, flottant vers l'inconnu.

Elle tourna son regard vers la plante empotée qui était juste sous la fenêtre et regarda une **abeille** qui avait la tête dans une fleur et elle laissa échapper un rire. -Quelle petite créature loufoque ! Dit-elle en regardant le petit insecte volant se **tortiller** pour aller plus profondément dans la fleur. Les abeilles travaillaient tellement dur !

La petite fille soupira et pensa que la **vie** devait être très intéressante pour les insectes. Elle se demanda ce que ça ferait de voir les choses de leur perspective. Tout devait paraître gigantesque et les petits brins d'herbe qu'elle voyait devaient être une jungle pour les minuscules insectes qui résidaient dans le jardin de sa grand-mère.

-Si seulement je pouvais rétrécir pour un jour... Pensa-t-elle en baillant avec paresse juste avant de s'endormir contre la fenêtre.

Quand elle se leva, elle était toujours sur le bord de la fenêtre dans la maison de sa grand-mère mais elle était devenue beaucoup plus petite.

-Fais attention à ce que tu souhaites, hein... ? Elle murmura à elle-même en regardant autour d'elle avec fascination. Elle ne sentit aucun regret, par contre. Elle était excitée de vivre ce nouveau changement et était impatiente de voir comment sa journée allait se dérouler. Elle passa un peu de temps à observer son **entourage**. Tout paraissait différent.

Le verre de limonade -qui était à présent tiède - dont elle buvait auparavant lui sembla être aussi haut qu'une **tour** et le bord de la fenêtre paraissait aussi vaste qu'une autoroute. Les rayons de soleil qui percèrent la **vitre** étaient éblouissants et dégageaient de la chaleur et elle fit en sorte de se mettre dans les endroits les moins intenses. Ce qu'elle crut être une légère brise avant se transforma en un vent soufflant qui lui ébouriffa les cheveux.

Quand elle se tourna pour regarder sa chambre, elle ne put pas voir grand-chose au-delà de son **vaste** lit. L'ours en **peluche** qui y était se tint comme une **statue** immense et elle abandonna l'idée d'explorer la chambre le moment où elle l'eut en tête. Elle voulait voir à quoi le monde extérieur ressemblait et elle n'était pas sûre qu'elle allait pouvoir regrimper sur le bord de la fenêtre plus tard si elle en descendit maintenant.

Et donc, en se tournant vers la fenêtre, elle la regarda pour voir si elle pourrait trouver le chemin le plus facile pour descendre au jardin et sa recherche fut fructueuse en peu de temps. Elle marcha vers l'extrémité gauche de la fenêtre et testa les petites **branches** de la plante qui avaient grimpé au long des murs de la maison de ses grands-parents et quand elle était sûre qu'elles étaient assez robustes, elle les utilisa pour descendre.

L'**odeur** de l'herbe fraîchement tendu la frappa et elle marcha à travers le **gazon** en écartant les brins d'herbe de son chemin avec ses mains. Elle regarda à sa droite et vit des **fourmis** marcher en queue à un rythme rapide. La plupart des fourmis portaient une sorte de graines qui étaient deux fois plus grandes qu'elles et elle les regarda passer avec admiration.

Une fois la parade de fourmis passée, elle reprit son chemin et l'insecte suivant qu'elle vit fut un **mille-pattes**. Elle laissa échapper un souffle effrayé car l'insecte lui parut beaucoup plus intimidant quand elle était aussi petite et elle décida de ne pas bouger et de garder le silence, faisant semblant de ne pas exister jusqu'à ce que la voie devint libre.

Quand l'insecte ayant plus de pattes qu'elle ne put compter passa, elle reprit son chemin autour du jardin. -Wow... Murmura-t-elle, impressionnée en voyant une **libellule** juste avant qu'elle ne s'envola. Elle était magnifique et elle se sentit chanceuse d'avoir pu la voir de si près.

En allant plus loin à travers le jardin, elle rencontra aussi une créature moins jolie. Elle fit la grimace en dégoût alors qu'une **limace** passa devant elle, laissant une traînée de **bave** qu'elle devait croiser pour continuer en avant. -Il n'y a rien à faire... Dit-elle à elle-même en mettant un pied au-delà du chemin de bave après l'autre.

Mais, tandis qu'elle était occupée à croiser sans mettre les pieds sur la substance dégoûtante, elle ne vit pas la mante religieuse géante qui la guettait et lorsqu'elle se tourna, elle la vit sauter sur elle.

Avant qu'elle n'eut le temps de crier, elle se trouva en l'air et quand elle regarda en haut elle ne put voir que les grandes ailes colorés d'un **papillon**. L'insecte la déposa sur le bord de la fenêtre et inclina la tête avant de s'envoler.

-Merci de m'avoir sauvé ! Felicity cria en agitant la main en l'air. Je crois que cela me fait assez d'excitation pour aujourd'hui... Se dit-elle en glissant sur le rideau et avant de grimper sur ses draps. Elle se mit sur son lit à côté de l'ours en peluche géant et décida de prendre une **sieste** après sa marche fatigante à travers le jardin géant. Elle ferma les yeux et elle sut que lorsqu'elle les ouvrira la prochaine fois, elle aurait regagné sa taille normale.

Vocabulary

Soleil: *Sun*

Chaleur: *Heat*

Lumière: *Light*

Fleurs: *Flowers*

Matin: *Morning*

Jardin: *Garden*

Grand-mère: *Grandmother*

Fenêtre: *Window*

Chambre: *Room*

Limonade: *Lemonade*

Odeurs: *Smells*

Paisible: *Peaceful*

Araignée: *Spider*

Bout: *Edge*

Fil: *Thread*

Brise: *Breeze*

Cambrioleurs: *Thieves*

Musée: *Museum*

Abeille: *Bee*

Tortiller: *To wiggle*

Vie: *Life*

Entourage: *Surroundings*

Tour: *Tower*

Vitre: *Window*

Vaste: *Large, expansive*

Peluche: *Teddy bear*

Statue: *Statue*

Branches: *Branches*

Odeur: *Smell*

Gazon: *Lawn*

Fourmis: *Ants*

Mille-pattes: *Centipede*

Libellule: *Dragonfly*

Limace: *Slug*

Bave: *Slime*

Papillon: *Butterfly*

Sieste: *Nap*

Résumé de l'histoire

Felicilty était assise sur le siège de fenêtre dans sa chambre chez ses grands parents, un verre de limonade à la main. Elle admirait joyeusement le jardin de sa grand-mère et ses plantes fleuris et se détendit en les regardant jusqu'à ce qu'une petite araignée qui était accrochée à un fil emporté par le vent vola près d'elle. L'insecte rappela à la petite fille une scène dans un film et elle se demanda ce que ça ferait d'être un tout petit insecte. Elle s'endormit contre la fenêtre et quand elle se réveilla, elle trouva que son corps avait beaucoup changé: elle était aussi petite qu'une fourmi! Felicity profita de sa nouvelle taille pour explorer le jardin d'une nouvelle perspective et elle croisa sur son chemin plusieurs insectes comme une libellule, une limace et une mante religieuse qui allait faire d'elle son repas avant qu'un papillon ne la sauva et la ramena à la fenêtre de sa chambre. Felicity décida qu'elle avait explorer suffisamment et fit une sieste, ayant l'intuition qu'à son réveil, elle retrouvera sa taille normale.

Summary of the story

Felicity was settled in the window seat in her room at her grandparents' house with a glass of lemonade. She happily admired the sight of her grandmother's garden in full bloom and was relaxing as she watched it until a little spider that was hanging on its thread flew by her. The insect reminded the little girl of a movie scene and she wondered how it would be like to be as tiny as an insect. She fell asleep against the window and when she woke up, she found out that her body had changed a lot: she was as small as an ant! Felicity took advantage of her new size to explore the garden from a new perspective and she came across different insects like a dragonfly, a slug and even a praying mantis that almost made a meal out of her before she was saved by a butterfly that took her back to her room's window. Felicity decided that she had explored enough and took a nap, knowing that she would wake up in her normal size.

Questions About The Story

1) Où était Felicity au début de l'histoire?
   A.   Dans sa chambre
   B.   Dans le jardin
   C.   À l'école
   D.   Chez une amie

2) Quel était le premier insecte qu'elle vit quand elle devint petite?
   A.   Des araignées
   B.   Des fourmis
   C.   Des coccinelles
   D.   Des abeilles

3) Quel insecte allait attaquer Felicity?
   A.   Un criquet
   B.   Un grillon
   C.   Une chenille
   D.   Une mante religieuse

4) Quel insecte l'avait sauvé?
   A.   Un papillon
   B.   Une abeille
   C.   Une libellule
   D.   Une luciole

5) Qu'avait fait Felicity à la fin de l'histoire?
   A.   Elle avait prit une sieste
   B.   Elle eut son goûter
   C.   Elle est allée marcher
   D.   Elle avait joué aux jeux vidéos

Questions

1) **Where was Felicity at the beginning of the story?**
- **A.** In her room
- **B.** In the garden
- **C.** At school
- **D.** At a friend's house

2) **What insects did she see first when she became small?**
- **A.** Spiders
- **B.** Ants
- **C.** Ladybugs
- **D.** Bees

3) **Which insect was about to attack Felicity?**
- **A.** A grass hopper
- **B.** A cockroach
- **C.** A caterpillar
- **D.** A praying mantis

4) **Which insect saved her?**
- **A.** A butterfly
- **B.** A bumble bee
- **C.** A dragonfly
- **D.** A firefly

5) **What did Felicity do at the end of the story?**
- **A.** She took a nap
- **B.** She had a snack
- **C.** She took a walk
- **D.** She played video games

Answers

1) A
2) B
3) D
4) A
5) A

Chapter 9. Ce n'est pas grave de pleurer

Le ciel était clair et le **soleil** brillait. Les oiseaux chantaient avec les criquets, ajoutant une joyeuse **mélodie** aux couleurs éclatantes de **l'été**.

Les joyeux cris et rires des enfants s'ajoutèrent à cette symphonie tandis qu'ils jouèrent au football dans le parc de leur **quartier** et tout était parfait jusqu'à ce que l'un d'eux **trébucha** et fit une horrible chute.

-On arrête tout, Riley est tombé ! L'un d'eux cria, causant les autres de s'arrêter au milieu de la partie.

Tout le monde se rassembla autour du petit garçon et ils lui demandèrent si il allait bien avec **inquiétude**.

-Oui, je vais bien. Riley dit, en grinçant ses dents à cause de la **douleur**.

-Ton genou saigne, ta blessure à l'air sérieuse. Tu devrais rentrer chez toi. L'un de ses amis suggéra.

Riley **refusa** avec entêtement au début et dit que ce n'était qu'une égratignure avec une expression courageuse. Mais, après que ses amis insistèrent il finit par rentrer chez lui en boitant avec l'aide de l'un des enfants qui habitait près de lui.

-Est-ce que tu as très mal? Son ami demanda en le supportant avec un bras autour de son **épaule**.

-Non. Pas vraiment. Ça brûle un peu, c'est tout. J'aurai pu continuer à jouer... Riley répondit avec une grimace en prenant un autre pas.

Son amis remarqua qu'il avait clairement mal mais ne le contredit pas et une fois qu'ils étaient arrivés devant la **maison** de Riley, il lui souhaita un bon rétablissement et lui dit au revoir. -**Prends soin de toi**! On a besoin de toi dans l'équipe!

-Merci pour ton aide! Riley lui fit un geste de la main en guise d'au revoir et sonna à la porte. Il bougea en faisant attention et mit son poids sur sa jambe qui n'était pas blessée puis prit un grand souffle. La douleur avait commencé à s'intensifier.

Alors qu'il attendit qu'on lui ouvre la porte, il se concentra pour s'empêcher de **pleurer**. Ses yeux avaient commencé à larmoyer mais il ne voulait pas montrer sa faiblesse et il ne voulait pas inquiéter ses parents.

-Salut mon chéri. Sa mère le salua avec un sourire qui se transforma en une expression d'inquiétude en voyant son **genou** qui saignait. Qu'est-ce qui t'est arrivé, Riley?! Demanda-t-elle, horrifiée.

-J'ai fait une petite chute en jouant. Dit-il en s'éclaircissant la gorge.

-Viens à **l'intérieur**, mon chou. Laisse-moi voir ta **blessure**. Dit sa mère en l'aidant.

Une fois à l'intérieur, les deux allèrent dans la salle de bain et nettoyèrent la blessure de Riley avant de sécher son genou et d'appliquer une pommade antiseptique sur ses égratignures. Sa mère mit un **pansement** sur son genou et l'aida pour monter à sa chambre pour qu'il puisse s'allonger et se reposer.

Mais lorsqu'elle l'aida pour enlever ses **chaussures**, elle remarqua que son pied était enflé et après qu'elle le toucha un peu, elle soupçonna qu'il avait foulé sa **cheville** en trébuchant.

Elle appela leur voisin qui était **médecin** pour la voir et quand ils déterminèrent que ce n'était rien de grave et qu'une visite à l'hôpital n'était pas nécessaire, elle appliqua un peu d'alcool chirurgicale sur son **pied** et lui fit un bandage.

-Tiens, laisse-moi mettre ça sous ton pied. Dit-elle en mettant un petit **coussin** sous son mollet.

Puis, elle se mit à côté de lui sur le bord de son **lit** et caressa sa joue. -Mon pauvre petit garçon. Tu dois avoir tellement mal. Dit-elle avec un **triste** sourire.

-Non. Je vais bien, Maman. Riley la rassura.

-Tu peux exprimer ta douleur, mon chéri. Ça ira. Sa mère lui dit avec un regard complice. D'ailleurs, pleurer peut apaiser ta douleur.

-Les **garçons** ne pleurent pas, Maman. Dit Riley, **déterminé**.

Sa mère fronça ses **sourcils**, surprise. -C'est n'importe quoi. Dit-elle. Qui est-ce qui t'a dit ça?

Riley haussa ses épaules et la regarda comme si c'était trop **évident** pour en parler.

Sa mère soupira et prit un moment avant de reprendre la parole. -Papa est un garçon, n'est-ce pas?

-Papa est un **homme**. Riley déclara avec conviction.

Sa mère sourit avec indulgence. -C'est vrai. Papa est un homme, Elle le regarda avec un sourcil levé. Mais il pleur, n'est-ce pas?

Riley sourit. -**Tout le temps**. Répondit-il.

-Comme la fois où il avait marché sur un **oursin de mer**, tu t'en souviens ?

Riley rigola et hocha la tête. -Pour être honnête, ça paraissait très douloureux. Il avait crié à chaque fois où tu avais enlevé une des **aiguilles** avec tes pinces.

Sa mère fronça son **nez** en se rappelant du **souvenir** avant de secouer sa tête. -Et quand Lisa est morte… Ajouta-t-elle.

Riley hocha tristement la tête. Lisa était leur chienne et toute la famille était **attristée** par sa mort.

-Et il y avait cette fois, Sa mère dit avec un sourire d'amusement. Quand ta petite sœur est **née**.

Le petit garçon roula ses yeux au ciel avec un sourire. -Je ne sais pas ce qu'il y avait d'aussi triste cette fois là!

Sa mère ria et lui dit que c'étaient probablement des larmes de **joie**. -La morale c'est que ton père **exprime** toujours ses sentiments et il n'a pas de problèmes pour pleurer quand il en a besoin. Alors, est-ce que cela fait de lui quelqu'un de faible? Demanda-t-elle.

-Non. Papa est l'un des hommes les plus **forts** que je connais! Riley répondit avec enthousiasme.

-Et est-ce que cela fait de lui un homme inférieur ?

Il secoua la tête, indiquant qu'il ne pensait pas que c'était le cas.

-Alors qu'est-ce qui te fait croire que les garçons ne doivent pas pleurer quand ils ont mal? Demanda-t-elle sur un ton doux et gentil.

Il la regarda avec un faible sourire et haussa ses épaules. -Je veut juste être courageux, Maman.

-Et c'est très bien mon chéri. Mais être courageux ne veut pas dire retenir ses **larmes**. Le vrai courage c'est de s'exprimer sans avoir **peur** de ce que les autres vont penser de nous. Je sais que tu es **brave** et ton père, ta **sœur** ainsi que tous tes amis le savent aussi. Même si tu pleurs quand tu as mal.

Riley **hocha la tête**, ayant compris ce qu'elle lui disait. Personne ne lui avait jamais dit qu'il ne pouvait pas pleurer et il avait plein d'amis qui pleuraient quand ils se faisaient mal en jouant.

Son **visage** se relaxa soudainement et son expression indiqua enfin à quel point il avait mal. Il regarda sa mère. -En vérité ça fait vraiment mal, Maman.

-Oh, mon chou. Viens là! Sa mère le prit dans ses bras et **après** quelques moments, Riley eut la **sensation** que son genou et son pied ne lui faisaient plus aussi mal.

Vocabulary

Soleil: *Sun*

Mélodie: *Melody*

l'été: *The summer*

Quartier: *Neighborhood*

Trébucha: *Tripped*

Tout le monde: *Everyone*

Inquiétude: *Worry*

Douleur: *Pain*

Refusa: *Refused*

Épaule: *Shoulder*

Maison: *House*

Prends soin de toi: *Take care of yourself*

Pleurer: *To cry*

Genou: *Knee*

l'intérieur: *Inside*

Blessure: *Wound*

Pansement: *Band-aid*

Chaussures: *Shoes*

Cheville: *Ankle*

Médecin: *Doctor*

Pied: *Foot*

Coussin: *Cushion*

Lit: *Bed*

Triste: *Sad*

Garçons: *Boys*

Déterminé: *Determined*

Sourcils: *Eyebrows*

Évident: *Obvious*

Homme: *Man*

Tout le temps: *All the time*

Oursin de mer: *Sea urchin*

Aiguilles: *Spikes, needles*

Nez: *Nose*

Souvenir: *Memory*

Attristée: *Saddened*

Née: *Born*

Joie: *Joy*

Exprime: *Express*

Forts: *Strong*

Larmes: *Tears*

Peur: *Fear*

Brave: *Brave*

Sœur: *Sister*

Hocha la tête: *Nodded his head*

Visage: *Face*

Après: *After*

Sensation: *Feeling*

<h1 style="text-align:center">Résumé de l'histoire</h1>

Un groupe d'enfants jouait au football dehors dans une journée ensoleillée. L'un d'eux trébucha et tomba, poussant les autres à arrêter de jouer et à se rassembler autour de lui. Bien que Riley, le garçon qui avait fait une chute, dit qu'il allait bien, ses genoux saignaient et ses amis savaient qu'il avait mal et insistèrent qu'il rentre chez lui. L'un des amis de Riley l'aida pour aller à sa maison et quand sa mère ouvrit la porte, elle devint inquiète et l'aida à rentrer à l'intérieur. Après avoir nettoyer sa blessure, ils découvrirent qu'il s'était aussi foulé la cheville et quand ils s'assurèrent que ce n'était rien de grave, sa mère lui dit qu'il pouvait pleurer et le garçon lui dit en retour que les garçons ne pleuraient pas. Sa mère commença alors à lui rappeler toutes les fois où son père avait pleuré et lui dit que cela ne voulait pas dire qu'il n'était pas courageux.

Summary of the story

A group of children were outside playing soccer on a sunny day. One of them tripped and fell, making the rest stop playing to gather around him. Even though Riley, the boy who fell, said that he was alright, his knee was bleeding and his friends knew that he was in pain and insisted that he go back home. One of Riley's friends helped him get to his house and when his mother opened the door she became worried and helped him go in. After cleaning his wound, they discovered that he had also twisted his ankle and when they made sure that it was nothing too bad, his mother told him that it was alright to cry to which he answered that boys don't cry. His mother then started reminding him of all the times that his father cried and told him that crying didn't mean that he wasn't brave.

Questions About The Story

1) **À quoi jouaient les enfants au début de l'histoire?**
    A. Au Basketball
    B. Au Baseball
    C. Au Football Américain
    D. Au football

2) **Qu'est-ce qui avait interrompu leur partie?**
    A. Une vieille dame se plaignit du bruit
    B. Une voiture roula sur leur ballon
    C. L'un d'eux fit une chute
    D. Ils sont rentrés pour déjeuner

3) **Comment s'appelle le garçon blessé?**
    A. Raymond
    B. Randy
    C. Riley
    D. Robby

4) **Où était-il blessé?**
    A. Sa jambe
    B. Son bras
    C. Sa tête
    D. Nul part

5) **D'après la mère de Riley, pleurer…?**
    A. Nous rend déshydraté
    B. Apaise notre douleur
    C. Nous donne une migraine
    D. Nous brûle les yeux

Questions

1) **What were the children playing at the beginning of the story?**
    A. Basketball
    B. Baseball
    C. Football
    D. Soccer

2) **What stopped their game?**
    A. An old lady complained that they were too loud
    B. A car ran over their ball
    C. One of them took a fall
    D. They were called in for lunch by their parents

3) **What was the name of the boy who was hurt ?**
    A. Raymond
    B. Randy
    C. Riley
    D. Robby

4) **Where was he injured?**
    A. His leg
    B. His arm
    C. His head
    D. Nowhere

5) **According to Riley's mother, what does crying do?**
    A. It makes you dehydrated
    B. It helps ease the pain
    C. It gives you a headache
    D. It burns your eyes

Answers

1) D
2) C
3) C
4) A
5) B

CHAPTER 10. PHOTOS ET SOUVENIRS

Un beau matin de **printemps**, tandis que les fleurs étaient en éclosion et que les **arbres** secouaient leurs belles feuilles vertes, une **enseignante** annonça à sa classe qu'elle avait imprimé les photos prises durant leur voyage d'étude. -J'ai fait quelques copies pour tout le monde! Leur dit-elle avec un joyeux sourire. Les enfants poussèrent des cris de **joie** et papotèrent entre eux avec excitation quand ils reçurent les enveloppes contenant les images en question.

Freya, une des élèves de cette classe, ouvrit l'enveloppe et regarda les images ayant immortalisé leur sortie avec joie avant de les remettre dans son **sac à dos**, bien à l'abri entre deux livres pour éviter qu'elles ne se froissent. Elle avait hâte de les montrer à ses parents et elle savait qu'ils les aimeraient autant qu'elle les avait aimé.

Une fois chez elle, son **père** choisit les images qu'il avait jugé les plus joyeuses et les encadra avant de les suspendre avec les autres photos de la famille sur le **mur** du couloir.

-Ton sourire est si grand dans ces photos, ma chérie. Dit-il à Freya alors que les deux admirèrent les photos qui avaient été ajoutées récemment. Elle hocha la tête en accord. Le voyage avait été très **amusant** et elle n'avait même pas eu besoin de sourire pour les photos vu qu'elle n'avait pas passés un moment sans sourire à travers la **journée**.

Le regard de Freya atterrit sur les autres photos qui étaient sur le mur et elle remarqua qu'elles étaient toutes des photos des membres de sa famille souriant avec joie ou bien même entrain de **rire**. Chaque photo produit une joyeuse ambiance.

-Je me demande si... Murmura-t-elle à elle même quand elle commença à y penser. Maintenant qu'elle avait ça en tête, c'était le cas dans chaque **maison** où elle avait été: seulement des images ayant des personnes heureuses comme sujets étaient exposés sur les murs, bureaux et **cheminées**. Pourquoi donc?

-Peut être parce que les gens étaient affectés par les photos? Pensa-t-elle en marchant au long du couloir. C'était logique.

Le plus de temps qu'elle passa à regarder les photos, le plus sa joie augmentait. Elle vit une image de sa première fois où elle avait attrapé un **poisson**, quand elle avait accompagné son père au **lac** et sourit avec fierté. -C'était une très bonne journée... Avoua-t-elle.

Puis, elle vit une photo qui avait été prise lorsque toute la famille était partie en voyage sur la route et rigola. C'était tellement amusant malgré que son grand frère avait passé son temps à **se plaindre** sur le fait qu'il n'y avait pas d'internet.

La photo suivante qu'elle admira avait été prise lors de sa **fête d'anniversaire**. La famille avait organisé la fête dans un restaurant et tous ses amis avaient été invités.

C'était tellement élégant et la **nourriture** était délicieuse et elle avait adoré chaque moment. Elle se rappela qu'ils l'avaient taquiné en mettant de la **crème chantilly** sur son visage et rigola sur ce souvenir.

Ce n'était pas surprenant que ces photos étaient là, chacune d'elle reflétait des souvenirs heureux et inspiraient un **sentiment** de joie chez la personne qui les regardait.

Voulant explorer d'autres aspects de sa théorie, elle demanda à son père de lui donner l'album familiale pour qu'elle puisse regarder les autres photos qui n'avaient pas mérité un emplacement d'honneur sur le mur.

Quand elle commença à feuilleter l'album, quelques unes la firent rire à haute voix et quelques unes la firent grimacer tandis que certaines la rendirent nostalgique et un peu **triste**.

La photo prise d'elle à l'age de quatre ans vêtue d'un costume de **fée** et tenant une **baguette magique** la fit rigoler. Elle adorait se déguiser et mettre des costumes ridicules comme celui-là quand elle était plus jeune et elle jouait toujours le rôle du personnage ayant inspiré sont déguisement.

Toute la famille lui avait dit qu'elle se baladait autour de la maison en les touchant avec la baguette magique et en leur disant qu'elle venait d'exhausser leurs **vœux** et malgré qu'elle se rappela à peine de cette journée, elle trouva quand même l'anecdote amusante.

Une autre image qui n'était pas aussi drôle captura son attention. C'était une photo d'elle avec le **visage enflé** et avec une vilaine rougeur. Elle avait mangé des **noix** pour la première fois et il s'était avéré qu'elle était allergique.

-J'ai l'air tellement bizarre... Murmura-t-elle à elle même en regardant son visage tout rouge et ses **yeux** larmoyants. Je suis tellement contente que cette photo n'est pas sur le mur d'honneur! Soupira-t-elle en secouant la tête.

Si ce n'était pas pour la **crainte** d'énerver ses parents, elle aurait jeté cette photo dans la **poubelle**. Elle pouvait s'imaginer faire la grimace à chaque fois qu'elle passerait par le couloir si cette photo y était. C'était une image qui n'inspira pas de joie en elle du tout.

Une autre photo l'arrêta et elle passa un moment à la regarder. C'était une image de sa vieille maison. Avant que sa famille ne déménagea et ne s'installa dans leur maison actuelle, ils vivaient dans une très belle maison avec un grand jardin et une **cabane sur un arbre**. Elle adorait y vivre et jouer dans la cabane avec ses anciens amis et cet **endroit** lui manquait tellement. C'était tellement dommage qu'ils durent quitter cette maison à cause du travail de son père.

Malgré qu'elle avait aimé cet endroit Freya était contente de ne pas s'en souvenir chaque jour. Elle n'aimait pas trop le sentiment de nostalgie qu'elle ressentait en pensant à ces jours passés.

La dernière photo qu'elle avait regardé avant de fermer l'album était une photo de son grand-père **décédé**. Freya l'aimait tellement et elle était si triste de ne plus jamais pouvoir le voir.

Sa mère lui avait dit qu'ils se souviendraient toujours de lui et qu'ils l'aimeraient à jamais et qu'il ne les avait pas vraiment **quitté** du moment qu'ils pensaient à lui mais la petite fille ne put s'empêcher de ressentir de la tristesse en regardant sa photo.

Comme celle de son **ancienne** maison, elle pensait qu'il était pour le bien de tout le monde de ne pas voir cette image souvent à cause de la peine qu'elle ressentait en la regardant même si elle l'aimait très fort.

-Je comprends maintenant pourquoi seules les photo joyeuses sont sur le mur. Dit-elle avant de retourner en bas et de donner l'album à son père. -Les photos ne nous rappellent pas seulement les souvenirs du passés mais aussi les sentiments qu'on avait ressentit quand elles avaient été prises.

Vocabulary

Printemps: *Spring*

Arbres: *Trees*

Enseignante: *Teacher*

Joie: *Joy*

Sac à dos: *Backpack*

Père: *Father*

Mur: *Wall*

Amusant: *Amusing, Fun*

Journée: *Day*

Rire: *Laughter*

Maison: *House*

Cheminées: *Fireplace*

Poisson: *Fish*

Lac: *Lake*

Se plaindre: *To complain*

Fête d'anniversaire: *Birthday party*

Nourriture: *Food*

Crème chantilly: *Whipped cream*

Sentiment: *Feeling*

Triste: *Sad*

Fée: *Fairy*

Baguette magique: *Magic wand*

Vœux: *Wishes*

Visage enflé: *Swollen face*

Noix: *Nuts*

Yeux: *Eyes*

Crainte: *Fear*

Poubelle: *Garbage can*

Cabane sur un arbre: *Tree-house*

Endroit: *Place*

Décédé: *Deceased, Dead*

Quitté: *Left, Quit*

Ancienne: *Old*

Résumé de l'histoire

Une enseignante dit à ses élèves qu'elle leur avait imprimé les photos de leur voyage d'étude avant de leur donner chacun une enveloppe les contenant. Les enfants en étaient très contents et l'une d'entre eux, Freya, était très excité de les montrer à sa famille. Une fois chez elle, son père suspendu les photo sur le mur du couloir et quand Freya les regarda, elle commença à penser à l'effet des photos sur les gens. Seules les Photo heureuses était exposées et en regardant les photos qui étaient dans l'album au lieux de rejoindre celles qui étaient dans des cadres, elle confirma sa théorie. Certaines images invoquaient des sentiments tristes ou étaient juste trop embarrassantes et n'avaient pas leur place sur les murs.

Summary of the story

A teacher told her class that she had printed the pictures from their school trip before giving them each an envelope containing the photos. The children were very pleased by this and one of them, Freya, was very excited to show them to her family. Once she got home, her father hung the pictures on the corridor's wall and as Freya looked at them, she started thinking of the effect of pictures on people. Only happy pictures were put on display and as she looked through the photos that were stored in the album instead of frames, she confirmed her theory. Some pictures inspired sad feelings or were just too embarrassing and didn't belong on walls.

Questions About The Story

1) **Qu'avait donné l'enseignante aux élèves au début de l'histoire?**
    A. Des photos
    B. Des bonbons
    C. Des crayons
    D. Des porte-clés

2) **Quel est le nom du personnage principale?**
    A. Frida
    B. Freya
    C. Flora
    D. Fanny

3) **Où avait-elle mit les photos lorsqu'elle était en classe?**
    A. Dans le tiroir de sa table
    B. Dans un dossier
    C. Dans son sac à dos
    D. Dans son album

4) **Où avait son père mit les photos quand elle était chez elle?**
    A. Sur le mur du couloir
    B. Dans la galerie
    C. Sur son bureau
    D. Dans l'album familiale

5) **Pourquoi n'était pas la photo où Freya avait une réaction allergique exposée sur le mur?**
    A. Parce qu'elle était triste
    B. Parce qu'elle était nostalgique
    C. Parce qu'elle était ennuyeuse
    D. Parce qu'elle était embarrassante

Questions

1) **What did the teacher give to the pupils at the beginning of the story?**
   - **A.** Photos
   - **B.** Candy
   - **C.** Crayons
   - **D.** Key chains

2) **What is the name of the main character?**
   - **A.** Frida
   - **B.** Freya
   - **C.** Flora
   - **D.** Fanny

3) **Where did she put the pictures while she was still in class?**
   - **A.** In her desk drawer
   - **B.** In her folder
   - **C.** In her backpack
   - **D.** In her album

4) **Where did her father put the photos once she was home?**
   - **A.** In the corridor wall
   - **B.** In the gallery
   - **C.** On his desk
   - **D.** In the family album

5) **Why was the photo in which Freya had an allergic reaction not displayed on a wall?**
   - **A.** Because it was sad
   - **B.** Because it was nostalgic
   - **C.** Because it was boring
   - **D.** Because it was embarrassing

Answers

1) A
2) B
3) C
4) A
5) D

Caleb sortit de la **voiture** avec grande excitation. Il allait avoir un animal de compagnie aujourd'hui! Il faillit trébucher sur le vide en marchant rapidement vers le magasin d'animaux.

Le **magasin** où son père l'avait emmené était un **endroit** qui permettait d'adopter des animaux sauvés. On peut avoir n'importe quel animal que l'on veut mais on doit faire un **don** à l'association qui les sauve en retour.

La somme du don n'était pas importante, l'association considérait déjà l'adoption des animaux comme un acte **merveilleux** et donc n'imposa pas de sommes spécifiques.

Caleb avait joyeusement brisé sa **tire-lire** et avait ramené ses économies avec lui et son père lui avait dit qu'il allait aussi faire un don pour le magasin et donc, c'était avec une grande joie que les deux **se dirigèrent** là-bas.

Caleb et son père entrèrent dans le magasin et ils n'étaient même pas complètement à l'intérieur avant que les yeux du petit garçon ne s'élargissent, tellement il était **impressionné**. - Whoa... Exclama-t-il.

Le magasin était pratiquement un royaume pour toute sorte d'animaux **domestiques**. Il y avait plein de petits paniers où des chatons, des chiots et des hamsters étaient blottis l'un contre l'autre entrain de jouer ou de **dormir**.

Sur une étagère, il y avait un grand aquarium avec des **poissons** colorés et de toutes petites tortues. Il y avait même une petite **volière** d'intérieur dans un coin du magasin avec de différents types d'oiseaux qui chantaient joyeusement, ajoutant un agréable son à la merveilleuse scène.

L'un des murs du magasin était dédié à la **nourriture** pour animaux ainsi qu'à des gamelles, des coussins et des jouets en caoutchouc. C'était pratiquement un petit paradis pour les animaux ainsi que les gens qui en étaient fans et Caleb ne s'était jamais sentit aussi heureux. Oh, il ne pouvait pas attendre pour parler à ses amis de cet endroit. Ils allaient être tellement **jaloux**!

Il fit son chemin à travers les chiots, s'assurant de caresser chacun d'eux avant de se tourner vers les chatons et de leur donner des petites caresses sur le **ventre**. Il prit ensuite son temps pour admirer le bel aquarium et se sentit heureux rien qu'en regardant ses habitants nager à l'intérieur. Leurs jolis **motifs** colorés étaient tellement bizarres mais tellement beaux ! Quelques moments après il se dirigea vers la petite volière pour admirer les oiseaux qui étaient dedans. Ils avaient tous l'air tellement doux avec leurs jolies plumes et leurs visages ronds.

-Celui-là est si grand! Dit-il à haute voix en voyant un perroquet. Cependant, il oublia vite la taille de l'oiseau quand celui-ci répéta ses mots avec une voix **aiguë**.

-Raaa, si grand! Si grand!

Caleb rigola en entendant le son de l'oiseau. Il savait que les perroquets pouvaient faire ça mais entendre l'un d'eux parler en réalité était quand même bizarre. Il se demanda ce que ça ferait si ces oiseaux pouvaient en réalité avoir une conversation avec leurs propriétaires au lieu de juste répéter leurs mots.

D'ailleurs, il regarda autour de lui et vit les autres animaux, il était curieux de voir comment la vie serait s'ils pouvaient tous **parler**.

Il regarda les chiots et sut exactement ce qu'ils diraient. - Caresse-moi! Caresse-moi! Caresse-moi! Dis-moi que je suis un bon chien! Il imagina qu'un chien dirait un truc pareil en secouant la queue avec excitation.

Le chien de sa tante courrait toujours envers lui quand il la visitait et il ne se lassait pas de jouer avec qui que ce soit qui lui accordait son attention.

-Que dirait un **poisson**...? Il se demanda à haute voix en regardant l'aquarium. Il regarda les poissons rouges qui nageaient avec paresse à l'intérieur pour un long moment et se rappela de l'information incorrecte qui disait qu'un poisson rouge avait une **mémoire** qui dure trois secondes.

Il savait que c'était faux mais il croyait que ça aurai été drôle d'avoir une conversation avec un poisson si l'information était vraie.

-Salut! **Comment vas-tu**? Il s'imagina dire au poisson rouge.

-Salut. Je vais bien et toi? Le poisson répondrait en nageant en cercles.

-Je vais très bien. Comment va ta journée?

-Salut, Très Bien. Quelle journée? Le poisson aurait répondu en clignant ses grands yeux avec confusion .

Caleb se mit à rigoler sur son interaction imaginaire avec le poisson. Il se demandait vraiment ce que dirait un poisson, sérieusement. Probablement quelque chose comme -Donne-moi à manger. Il ne pouvait pas imaginer autre chose. On ne peut pas caresser un poisson et on ne peut sûrement pas lui jeter une balle pour qu'il aille la **chercher**.

Le truc le plus amusant qu'il avait vu un poisson faire était une petite chasse avec les flocons de nourriture qui avaient été jetés dans son aquarium.

Il regarda un des oiseaux dans la volière et l'observa tandis que celui-ci bougea sa tête droite et gauche en regardant **curieusement** autour de lui, en poussant des **sifflements** et en sautant un peu partout. -Il parait intelligent... mais un peu agité.

-Quoi? Quoi? C'est quoi ce bruit? C'est quoi ça? Est-ce que ça se mange? Il imagina le canari dire en lui picorant la main. Qui es-tu? Est-ce que je te connais? Je veux chanter. Chantons. Chante avec moi. L'oiseau ensuite commencerait à chanter joyeusement.

Il se tourna vers les chatons qui jouaient et imagina comment une conversation avec l'un d'eux se passerait.

-Salut, petit chaton. Coucou. Salut. Il répéterait en essayant d'attirer l'attention du chaton tandis que celui-ci serait entrain de **lécher** son pelage.

-Salut. Je m'excuse de ne pas avoir répondu plus tôt, j'étais occupé. Le chaton lui répondrait enfin après avoir fini sa toilette.

-Ce n'est pas grave. Tu veux jouer?

Le chaton le regarderait ensuite avant de dire non. Puis il demanderait s'il pourrait toucher un de ses **coussinets** et le chaton refuserait.

-Mais tu peux me gratter le ventre si tu me donne quelque chose à manger. Le chaton dirait.

Caleb, donnerait bien sûr des gâteries au chaton et le regarderait manger **patiemment** avant d'enfin pouvoir le caresser.

-As-tu décidé lequel tu veux adopter? La voix de son père lui dit, le sortant de son rêve.

Caleb regarda autour de lui avant de faire face à son père de nouveaux. -Euh, pas encore. Je vais **peut être** avoir besoin d'aide.

Vocabulary

Voiture: *Car*

Magasin: *Store*

endroit: *Place*

Don: *Donation*

Merveilleux: *Amazing*

Tire-lire: *Piggy bank*

Se dirigèrent: *Headed*

Impressionné: *Impressed*

Domestiques: *Domesticated*

Dormir: *To sleep*

Poissons: *Fish*

Volière: *Aviary*

Nourriture: *Food*

Jaloux: *Jealous*

Ventre: *Belly*

Motifs: *Patterns*

Aiguë: *High pitched*

Parler: *To speak*

Mémoire: *Memory*

Comment vas-tu: *How are you*

Chercher: *To look for, To search*

Curieusement: *Curiously*

Sifflements: *Twittering*

Lécher: *To lick*

Coussinets: *Toe beans*

Patiemment: *Patiently*

Peut être: *Perhaps, Maybe*

Résumé de l'histoire

Caleb était très excité en accompagnant son père au magasin d'animaux où il pouvait adopter n'importe quel animal il voulait en échange de faire un don à l'association qui sauvait ces animaux là. Il entra dans le magasin et fut ébloui par les animaux qui y étaient ainsi que le matériel comme la nourriture, les gamelles et les jouets. Il admira les animaux et quand il vit l'un des perroquets dans la volière, il imagina les autres animaux parler et il était diverti par ce qu'ils avaient à dire d'après son imagination. Quand son père lui demanda si il avait décidé quel animal il voulait adopter, Caleb lui dit qu'il avait besoin d'aide pour se décider.

Summary of the story

Caleb was very excited as he accompanied his dad to a pet store where he could adopt any animal he wanted in exchange of donating to the association that saves those animals. He entered the shop and was amazed by all the animals in it as well as all the supplies like food, bowls and toys. He admired the animals and when he looked at one of the parrots in the aviary, he imagined the other animals talking and was amused by what they were saying according to his imagination. When his father asked him whether he had decided which animal to adopt, Caleb told him that he needed help deciding.

Questions About The Story

1) Où est allé Caleb?
- **A.** Au magasin d'animaux
- **B.** À la boulangerie
- **C.** Au magasin de jouets
- **D.** Au magasin de jeux vidéos

2) Qui est-ce qui l'y avait emmené?
- **A.** Sa mère
- **B.** Son frère
- **C.** Son père
- **D.** Sa sœur

3) Lequel de ces animaux n'était pas dans le magasin?
- **A.** Les chiots
- **B.** Les lézards
- **C.** Les chatons
- **D.** Les oiseaux

4) Lequel des animaux qu'il avait imaginé lui avait demandé de le nourrir pour le laisser le caresser?
- **A.** Un chat
- **B.** Un poisson
- **C.** Un chien
- **D.** Un perroquet

5) Quel animal avait Caleb adopté à la fin de l'histoire?
- **A.** Un chaton
- **B.** Il n'avait pas encore décidé
- **C.** Un chien
- **D.** Un poisson

Questions

1) **Where did Caleb go?**
   - **A.** The pet store
   - **B.** The bakery
   - **C.** The toy store
   - **D.** The video games store

2) **Who took him there?**
   - **A.** His mother
   - **B.** His brother
   - **C.** His father
   - **D.** His sister

3) **Which of these animals was not in the store?**
   - **A.** Puppies
   - **B.** Lizards
   - **C.** Kittens
   - **D.** Birds

4) **Which animal did he imagine asked him for food in exchange of letting him touch it?**
   - **A.** A cat
   - **B.** A fish
   - **C.** A dog
   - **D.** A parrot

5) **Which animal did Caleb adopt by the end of the story?**
   - **A.** A kitten
   - **B.** He hadn't decided yet
   - **C.** A dog
   - **D.** A fish

Answers

1) A
2) C
3) B
4) A
5) B

CHAPTER 12. SORCIÈRE MÉTAMORPHE!

Les sons assourdis des **gouttes** d'eau tapant sur le toit étaient le seul **bruit** qui raisonnait dans la maison. Oliver se tourna droite et gauche dans son lit et ne parvint pas à s'endormir.

Le courant était coupé à cause de la **tempête** et il ne pouvait même pas allumer la télévision. Sa chambre était **sombre**, éclairée que par la lumière de l'éclair occasionnellement. Il laissa échapper un soupir misérable, il était tellement **ennuyé** et même un peu effrayé.

Il se leva et fit son chemin à travers sa chambre lentement pour aller à la chambre de son **frère** et malheureusement, il se cogna le pied contre le cadre de la porte. -Ouille! Murmura-t-il, n'osant pas parler à haute voix.

Quand il arriva enfin à la porte de son frère, des bruits forts de quelqu'un qui frappait à la porte le fit **sursauter**. Qui pourrait bien leur rendre visite à cette heure? Et au bon milieu d'une tempête? Oh, non... Oliver avait vu assez de films d'horreur pour savoir comment ça allait finir!

Son frère ouvrit la porte de sa **chambre**, le faisant sursauter de surprise. -Qu'est-ce que tu fais là, mon grand? Son frère demanda.

-Je m'ennuyais... Oliver dit **en haussant les épaules**.

-Est-ce qu'on vient de frapper à la porte? J'avais mes écouteurs aux **oreilles** et donc je ne suis pas sûr.

Oliver hocha la tête et jeta un regard aux escaliers avec agitation. La personne qui avait frappé à la porte venait de le refaire et ne s'arrêta pas cette fois-ci. Ses parents choisirent ce moment là pour quitter leur chambre.

-Pourquoi êtes-vous debout à cette heure? Leur mère demanda avec **mécontentement** tandis que leur père descendit l'escalier pour voir qui frappait à leur porte.

Les deux garçons ne répondirent pas et l'aîné suivit son père en bas. Oliver préféra rester avec sa mère et quand les deux entendirent le bruit de la porte qu'on ouvrait, il descendirent avec **hésitation** pour voir qui était leur visiteur impatient.

-Julie?! Sa mère demanda avec **étonnement** en voyant une femme tremblante devant de la porte enlever son **manteau** trempé.

-Quelle tempête! La femme dit, son visage crispé et contrarié.

-Qu'est-ce qui t'as fait venir à cette heure? La mère d'Oliver demanda.

Mais c'était son père qui prit la parole. -J'étais entrain de lui poser la même question.

-Je voulais vous surprendre. Je viens de rentrer de mon **voyage** et j'ai conduit une voiture de location jusqu'ici. Comme une idiote, je n'ai pas vu la **météo** et le motel où j'avais prévu rester sur mon chemin était complet et donc je n'avais pas d'autres choix que de continuer à conduire malgré que je savais que j'allais arriver à cette heure inappropriée. La dame expliqua rapidement. Le temps qu'il faisait l'avait clairement rendu de **mauvaise humeur**.

Oliver regarda son frère et vit que comme lui, il était surprit de voir cette dame ici. Peut être qu'il ne savait pas qui c'était non plus? Il allait devoir lui demander plus tard.

Le petit garçon fronça ses sourcils et la regarda de la tête aux pieds. Elle était habillée complètement en **noir**: des pantalons noirs, une blouse noir, un manteau noir et des bottes noirs. Même ses cheveux étaient noirs d'après ce qu'il pouvait voir grâce à la torche de son père.

-Et je vois qu'il n'y a pas de courant en plus. Génial! Dit la dame avec amertume.

-Viens avec moi, je vais te donner des **serviettes** pour te sécher les cheveux. Je suppose que tu as ramener tes vêtements avec toi? La mère d'Oliver lui demanda.

-Oui, mais il n'y a aucune chance que je ressorte sous la pluie pour les chercher de la voiture! Julie répondit en tremblant.

-Tu devrais lui prêter quelque chose pour ce soir, ma chérie. Je vais faire chauffer de l'eau pour une tasse de thé bien chaud. Le papa d'Oliver suggéra et quand leur invité marcha en avant pour aller avec sa mère, elle vit le petit garçon.-Oh, salut petit. Tu dois être Oly. Dit-elle.

-Oliver. Il la corrigea.

-D'accord. Et bien, à demain. Et sur ce, elle s'en alla.

Le père d'Oliver lui demanda à lui et à son frère de retourner en haut et les deux garçons obéirent.

En montant, Oliver demanda à son frère si il avait déjà entendu parler de cette personne. Était-elle un membre éloigné de la **famille** ou un truc du genre?

-C'est l'amie de maman de **l'univèrsité**, elles étaient inséparables et elles sont restées en contact. La seule autre fois où elle est venue était quand tu était un petit bébé, c'est pour ça que tu ne te rappelle pas d'elle. Le plus âgé des deux garçon expliqua.

Oliver n'avait pas du tout aimé cette dame. Il la trouva **suspicieuse**. Il était clair que ses parents la connaissaient et ils se comportaient comme s'ils lui faisaient confiance, la laissant entrer chez eux et tout, mais il avait un mauvais **pré-sentiment** la concernant.

Oliver lâcha soudainement un souffle horrifié en ayant une pensée effrayante. Et si cette femme étaient en réalité une sorcière **métamorphe** qui s'était fait passer pour l'amie de maman?! Oh, non! Et quand tout le monde serait endormi, elle les tuerait tous!

Il entendit les voix de sa mère et de la fausse Julie parler tandis qu'elle s'installa dans la chambre d'invités et décida d'aller la confronter quand ses parents retourneraient dans leur chambre. Il attendit une demi-heure environ et quand il était sûr que la voie était libre, il se faufila hors de sa chambre en silence.

La porte de la chambre d'invités était légèrement **ouverte** et il vit qu'il y avait une bougie allumée à l'intérieur. La lumière produite par la flamme projeta des ombres intenses contre le mur et il put voir la silhouette courbée de la fausse Julie qui était assise sur le lit à un angle étrange et il entendit les sons de **toux** et de crachats.

Elle était sûrement entrain de reprendre sa forme d'origine! Il ouvrit la porte, faisant tourner Fausse Julie envers lui avec un sursaut.

-Oh, c'est toi! Tu m'as fais peur, petit! Dit-elle avec une main sur sa poitrine. Elle avait toujours apparence humaine et en marchant à l'intérieur de la chambre, il vit qu'elle tenait une serviette en papier.

Julie avait un sourire penaud aux lèvres et elle mit un doigt devant eux. -Ne dis pas à ton père mais, ce thé est **dégueulasse**!

Oliver comprit que le son qu'il avait entendu était fait par elle en crachant le thé dans le mouchoir et il rigola d'amusement. Le thé de son père était infecte, il le savait par expérience!

-Hé, tu veux un peu de chocolat? Je l'ai apporté avec moi de mon voyage en Suisse! Julie dit en sortant une barre de chocolat de son sac. -Ne dis pas à ta maman, par contre. Je suis sûre qu'elle n'approuverait pas du fait que tu manges des sucreries la nuit. Elle lui fit un **clin d'œil** avec un sourire espiègle.

Oliver prit la barre de chocolat et s'assied sur le lit à coté d'elle.

-Tu as été en Suisse? Demanda-t-il avec curiosité.

-Ouai. Tu veux voir des photos? Elle n'attendit pas sa réponse et prit son téléphone de la table de chevet.

Olivier passa la nuit avec qui il appela maintenant Tante Julie, il avait écouté ses histoires sur ses voyages autour du monde et sur le temps qu'elle avait passé avec sa mère à l'université quand elles étaient plus jeunes.

Quand il s'endormit, sa dernière pensée était que Tante Julie était la plus gentille, la plus cool et la plus drôle des **sorcières** métamorphes au monde!

Vocabulary

Gouttes: *Drops*

Bruit: *Noise*

Tempête: *Storm*

Sombre: *Dark*

Ennuyé: *Annoyed*

Frère: *Brother*

Sursauter: *To jump up*

Chambre: *Room*

En haussant les épaules: *Shrugging*

Oreilles: *Ears*

Mécontentement: *Displeasure*

Hésitation: *Hesitation*

Étonnement: *Confusion, Surprise*

Manteau: *Coat*

Voyage: *Travel*

Météo: *Weather*

Mauvaise humeur: *Bad mood*

Noir: *Black*

Serviettes: *Towels*

Famille: *Family*

L'université: *University*

Suspicieuse: *Suspicious*

Pré-sentiment: *Feeling, Intuition*

Métamorphe: *Shape-shifting*

Ouverte: *Open*

Toux: *Coughs*

Dégueulasse: *Disgusting*

Clin d'œil: *Wink*

Sorcières: *Witch*

Oliver essayait de s'endormir mais il ne réussit pas à cause des bruits de la tempête qui était hors de sa fenêtre. Il bougea dans son lit et laissa échapper un souffle misérable. À cause de la tempête, il ne pouvait même pas allumer la télévision car le courant ne cessait pas de se couper. Il décida alors d'aller à la chambre de son frère et en faisant son chemin à travers la maison sombre, il entendit quelqu'un frapper à la porte. Son frère, sa mère et son père sortirent de leurs chambres pour voir qui c'était, et la personne s'était avéré être une vieille amie de la mère d'Oliver. Ils la menèrent à l'intérieur et Oliver pensa que la dame était très suspicieuse avant qu'une idée effrayante lui vint en tête: elle était sûrement une sorcière métamorphe! Il attendit jusqu'à ce que tout le monde s'endormit puis alla à la chambre d'invités pour la confronter mais en lui parlant, il découvrit que c'était quelqu'un de très gentil.

Summary of the story

Oliver was trying to fall asleep but couldn't with the sounds of the storm that was raging outside. He shifted in his bed and sighed miserably. Because of the storm, he couldn't even turn on the television as the power kept going on and off. He decided to go to his brother's room and on his way through the dark house, he heard the loud sounds of knocking. His brother, mother and father left their rooms to see who it was and it turned out to be an old friend of Oliver's mom. They led her inside and Oliver thought that the lady was quite suspicious before a scary thought occurred to him: She must be a shape shifting witch! He waited until everyone fell asleep and went to the guest room to confront her but as he spoke to her, he found out that she was actually a very nice person.

Questions About The Story

1) Quel est le nom du personnage principale?
       A. Olaf
       B. Oscar
       C. Oliver
       D. Owen

2) Où se dirigeait-il avant d'entendre qu'on avait frappé à la porte?
       A. À la cuisine
       B. Au salon
       C. À la chambre de ses parents
       D. À la chambre de son frère

3) Comment était cette nuit?
       A. Orageuse
       B. Ensoleillée
       C. Nuageuse
       D. Pluvieuse

4) Quel était le nom de la personne qui leur avait rendu visite?
       A. Justine
       B. Josie
       C. Jane
       D. Julie

5) Qu'avait pensé Oliver qu'elle était?
       A. Un vampire
       B. Une sorcière métamorphe
       C. Une savante folle
       D. Un loup-garou

Questions

1) **What is the name of the main character?**
        A. Olaf
        B. Oscar
        C. Oliver
        D. Owen

2) **Where was he going before he heard knocking?**
        A. To the kitchen
        B. To the living room
        C. To his parents' room
        D. To his brother's room

3) **How was the weather that night?**
        A. Stormy
        B. Sunny
        C. Cloudy
        D. Windy

4) **What was the name of their visitor?**
        A. Justine
        B. Josie
        C. Jane
        D. Julie

5) **What did Oliver think she was?**
        A. A blood sucking vampire
        B. A shape shifting witch
        C. A crazy scientist
        D. A wild werewolf

Answers

1) C
2) D
3) A
4) D
5) B

Chapter 13. Météo

-N'oublie pas ton **parapluie** ma chérie. La météo a annoncé qu'il allait peut être **pleuvoir** aujourd'hui aussi. Madame Sanders dit à sa fille depuis la cuisine en l'entendant ouvrir la **porte**.

-Oui, maman! Amy répondit en prenant son **parapluie** du **porte-manteau** où il était posé.

La fillette mit ses bras dans les **bretelles** de son cartable et arrangea son **bonnet** en laine avant de quitter la maison. En route à l'école, elle chantonna **doucement** en sautant au delà des flaques d'eau produites par la pluie de la nuit passée.

Elle regarda le ciel et vit les **nuages** gris qui indiquaient que sa mère avait raison de prêter tant d'attention à la météo. Si les **nuages** dans le ciel indiquaient quoi que ce soit, c'était qu'il allait **pleuvoir** à travers la journée.

Amy commença à balancer son **parapluie** en pensant aux présentateurs de la météo. Est-ce qu'ils devaient **voyager** partout à travers le **monde** pour voir quel temps il allait faire là-bas? Si c'était le cas, la petite fille pensa que c'était le travail le plus cool au **monde**.

Comme ça devait être super de voyager partout juste pour voir le ciel et de dire aux gens de ne pas **oublier** de mettre leurs **manteaux** ou d'annuler leurs plans de pic-nique!

Ou bien, **peut être** qu'ils allaient dans l'espace pour faire leur travail? C'était logique, vu qu'ils seraient plus capables de voir comment les nuages bougeaient **d'en haut**, n'est-ce pas? Ça aussi c'était très cool, par contre! Le fait de porter ces combinaisons d'espace et de monter sur une **navette spatial** serait génial!

Ou bien... est-ce qu'il communiquaient simplement avec les **extraterrestres** qui leur disaient comment les **choses** allaient progresser sur terre?! Amy s'arrêta de **marcher** et laissa échapper un souffle en pensant à ça. Si c'était le cas, **alors** les extraterrestres existent vraiment!

Elle vit un groupe d'oiseaux voler loin de la **ville** et se souvint que leur enseignant leur avait dit une fois qu'ils migraient vers des régions plus **chaudes**. Mais comment savaient-ils quand il allait faire plus **froid**? Avaient-ils des diffusions de météo aussi? Elle rigola et reprit son chemin. Cette **pensée** était ridicule!

Mais elle était très **curieuse** sur comment un présentateur de météo faisait son travail et elle décida de poser la question à son **enseignant** avant la récréation. Une fois arrivée en classe, Amy compta les minutes avec impatience, ayant hâte de poser ses questions et de **résoudre le mystère** qu'elle avait en tête depuis ce matin.

Quand la **cloche** sonna enfin, elle se dirigea rapidement vers le **bureau** de l'enseignant et demanda quelques moments de son **temps**.

-Comment savent les présentateurs de la météo quand et où il va pleuvoir et quand il va faire beau et tout? Demanda-t-elle quand il lui prêta son attention.

-Et bien, tout d'abord, tu dois **connaître** la différence entre un présentateur de météo et un météorologiste. Son enseignant lui dit avant de commencer son **explication**. Les présentateurs de météo sont des gens qui présentent la météo sur la télévision. Ils reçoivent des rapports et les lisent en indiquant des endroits du pays sur l'écran. Les météorologistes sont les gens qui préparent ces rapports. Ce sont des **savants** qui étudient le climat et la météo et font des prédictions sur quel temps il va faire au futur.

Amy hocha la tête, **intéressée**. -Et, comment font-ils ces prédictions?

-Ils utilisent des informations sur l'état de la météo au passé et mesurent son état actuel au présent et ils devinent son état au futur en se basant sur ça.

Amy fronça ses **sourcils**, son enseignant n'avait pas vraiment tout expliqué. -D'accord, mais comment est-ce qu'ils obtiennent les informations dont ils ont **besoin**? Est-ce qu'il leur suffit de regarder le ciel ou...?

-Oh! Ils utilisent des **outils** comme des thermomètres pour mesurer la température, des baromètres pour mesurer la **pression** de l'air et les anémomètres pour mesurer la **vitesse** du vent. Ils utilisent aussi des images prises à partir de satellites pour observer la distribution des nuages dans le ciel. Quand ils ont les données nécessaires, ils les introduisent dans des **ordinateurs** qui utilisent des équations spéciales pour faire des calculs qui produisent par la suite des modèles qui les aident à prédire la météo. Ces modèles ne sont pas toujours précis par contre et les savants doivent les réviser pour voir s'ils sont cohérents où pas.

Il est très important que la météo soit aussi précise que possible parce que non seulement elle nous dit quand il va pleuvoir pour qu'on évite d'être **trempés**, elle nous prévient aussi quand il va y avoir de dangereux phénomènes comme des ouragans et elle nous aide à rester **en sécurité**.

Les **fermiers**, les **marins** et les pilotes comptent beaucoup sur la météo dans leur travail et même les sportifs.

Les yeux d'Amy s'élargirent par confusion. -Comment est-e que la météo peut affecter le travail de ces gens?

-Et bien, les fermiers ont besoin de savoir s'il va pleuvoir pour planter les graines appropriées. Quelques plantes grandissent dans des environnements pluviales et d'autres ne peuvent pas survivre si le temps est trop humide. Les marins ont besoin de savoir s'il va y avoir des tempêtes pour prendre leurs précautions et rester en sécurité à la **mer**. Et c'est la même chose pour les pilotes, ils ne peuvent pas faire voler des **avions** dans des conditions météorologique difficiles et les sportifs ne peuvent pas jouer comme il le faut sous la pluie, tu imagines ce que ça ferait de jouer dans un terrain **glissant**?

Amy rigola en imaginant les grands joueurs de football américain que son père aimait regarder glisser dans la boue en courant à travers le **terrain**.

Elle n'aimerait pas être à leur place! Et rien qu'en pensant au **mal de mer** et à la nausée qu'on peut avoir en étant dans un bateau qui bascule la fit faire une grimace.

Elle n'avait jamais vraiment réalisé à quel point la météo était importante et malgré qu'elle était un peu **déçue** par le fait que ni les présentateurs ni les météorologistes ne voyageaient ni allaient dans l'espace pour faire leurs recherches, elle pensait quand même que c'était un métier très intéressant.

Tellement intéressant, d'ailleurs, qu'elle voulût en savoir plus et il n'y avait pas de **meilleur** endroit pour commencer que la **bibliothèque**.

-Merci beaucoup pour vos explications, Monsieur Brown! Dit-elle avec enthousiasme avant de prendre sa carte de bibliothèque et de courir hors de la salle de classe. Elle avait juste assez de temps pour obtenir quelques **livres** avant la fin de la récréation!

Vocabulary

Parapluie: *Umbrella*

Pleuvoir: *To rain*

Porte: *Door*

Porte-manteau: *Coat hanger*

Bretelles: *Straps*

Bonnet: *Beanie*

Doucement: *Softly*

Nuages: *Clouds*

Voyager: *To travel*

Monde: *World*

Oublier: *To forget*

Manteaux: *Coats*

Peut être: *Perhaps, Maybe*

D'en haut: *From above*

Navette spatial: *Space ship*

Extraterrestres: *Aliens*

Choses: *Things*

Marcher: *To walk*

Alors: *So, Then*

Ville: *City*

Chaudes: *Warm*

Froid: *Cold*

Pensée: *Thought*

Curieuse: *Curious*

Enseignant: *Teacher*

Résoudre le mystère: *Solve the mystery*

Cloche: *Bell*

Bureau: *Desk*

Temps: *Time*

Connaître: *To know*

Explication: *Explanation*

Savants: *Scientists*

Intéressée: *Interested*

Sourcils: *Eyebrows*

Besoin: *Need*

Outils: *Tools*

Pression: *Pressure*

Vitesse: *Speed*

Ordinateurs: *Computers*

Trempés: *Soaked*

En sécurité: *Safe*

Fermiers: *Farmers*

Marins: *Sailors*

Mer: *Sea*

Avions: *Airplanes*

Glissant: *Slippery*

Terrain: *Field*

Mal de mer: *Sea sickness*

Déçue: *Disappointed*

Meilleur: *Better*

Bibliothèque: *Library*

Livres: *Books*

Résumé de l'histoire

Quand Amy allait quitter sa maison pour aller à l'école, sa mère lui dit de prendre son parapluie avec elle car quand elle avait regardé la météo, celle-ci annonça qu'il allait pleuvoir. Quand elle alla dehors, elle vit de grands nuages gris et sut que le présentateur de météo avait raison.

Elle commença alors à penser à la manière de laquelle les présentateurs de météo pouvait prédire l'était de la météo et une fois à l'école, elle demanda à son enseignant lors de la récréation. Il lui dit que ce n'était pas les présentateurs de météo qui faisaient ces prédictions mais les météorologistes et qu'ils utilisaient de différents appareils pour mesurer la température, la pression de l'air et la vitesse du vent pour faire des modèles qui allaient les aider à prédire l'état de la météo. Amy pensa que c'était intéressant et courra à la bibliothèque pour ramener des livres sur le sujet.

Summary of the story

Amy was leaving her house to go to school when her mother told her to take her umbrella with her as she had watched the weather forecast and it said that it would rain. When she was outside, she saw the heavy clouds and knew that the weatherman had been right. She then started thinking how weathermen could predict the weather and when she was at school, she asked her teacher when it was time for recess. He told her that it wasn't weathermen who made the predictions but meteorologists and that they used several devices to measure the temperature, air pressure and speed of wind to make models that would help predict the weather. Amy thought that that was interesting and ran to the library to get books on the subject.

Questions About The Story

1) **Quel est le nom du personnage principale?**
    - **A.** Amy
    - **B.** Annie
    - **C.** Abby
    - **D.** Ally

2) **Que lui avait dit sa mère?**
    - **A.** De prendre ses clés
    - **B.** De prendre son téléphone
    - **C.** De prendre son parapluie
    - **D.** De prendre sa veste

3) **Lequel de ces appareils avait été mentionné dans le texte?**
    - **A.** Un Galvanomètre
    - **B.** Un Ampère mètre
    - **C.** Un Baromètre
    - **D.** Un Chronomètre

4) **Laquelle de ces professions n'a pas été mentionnée dans le texte?**
    - **A.** Médecin
    - **B.** Pilote
    - **C.** Fermier
    - **D.** Marin

5) **Où est allée Amy à la fin de l'histoire?**
    - **A.** La bibliothèque
    - **B.** Les toilettes
    - **C.** Le café
    - **D.** La coure de l'école

Questions

1) What is the name of the main character?
- **A.** Amy
- **B.** Annie
- **C.** Abby
- **D.** Ally

2) What did her mother tell her?
- **A.** To take her keys
- **B.** To take her phone
- **C.** To take her umbrella
- **D.** To take her jacket

3) Which of these devices was mentioned in the text?
- **A.** Galvanometer
- **B.** Ampere meter
- **C.** Barometer
- **D.** Chronometer

4) Which of these professions was not mentioned in the text?
- **A.** Doctor
- **B.** Pilot
- **C.** Farmer
- **D.** Sailor

5) Where did Amy go to at the end of the story?
- **A.** The library
- **B.** The bathroom
- **C.** The cafeteria
- **D.** The school yard

Answers

1) A
2) C
3) C
4) A
5) A

CHAPTER 14. COLLECTION

Marty était très content de passer la **journée** chez son **ami**.

Les deux enfants passèrent la matinée à jouer au football dans le **jardin** et passèrent même un peu de temps avec le **chien** avant de rentrer dans la maison pour déjeuner et quand ils allèrent à l'étage dans la chambre de son ami pour passer le reste de la **journée** à jouer aux **jeux** vidéos, un petit **carnet** attira l'attention de Marty.

-C'est quoi ça, sur ton **bureau**? Demanda-t-il en regardant l'objet.

-Oh! C'est une **collection** de **timbres**. Son ami répondit. Mon père reçoit des lettres de partout dans le monde de ses correspondants. Je ne sais pas pourquoi ils n'utilisent pas simplement le téléphone ou les e-mails, mais à chaque fois qu'il reçoit une lettre, il me laisse prendre le timbre de l'enveloppe. Je les trouve très cool et donc j'ai commencé à les **collectionner** il y a environ un an. Jettes y un coup d'œil si tu veux!

Marty, intrigué par le concept de collectionner des petits **morceaux** de papier accepta l'offre de son ami et commença à feuilleter les pages du carnet. Il regarda les timbres avec fascination. Quelques uns avaient des images de personnes sur eux, d'autres avaient des **paysages** tandis que certains avaient des machines, des trains et des animaux. Il avait aimé les couleurs des timbres mais ce qui l'intéressa le plus était la collection en elle même.

Les seules choses qu'il avait collectionné dans sa vie étaient des **armures** dans un jeu et malgré qu'il s'en était venté devant ses amis, il ne pensait pas que c'était aussi intéressant que la collection de timbres de son ami qui resta dans sa **tête** jusqu'à ce qu'il rentra chez lui.

En réalité, il avait vraiment envie de **commencer** une collection à lui. Mais... que pouvait-il collectionner? À ce qu'il savait, aucun de ses parents n'avaient de correspondants **étrangers** qui leur envoyaient des lettres et donc, il ne pouvait pas collectionner des timbres.

Il supposa qu'il pouvait collectionner ce qu'il voulait et c'était bien ça le problème, il n'avait aucune idée sur quoi **choisir**!

Il s'installa devant son ordinateur et chercha **quelques** idées en ligne. Certaines personnes collectionnaient des **fleurs séchés** apparemment, ce qui ne l'intéressa pas vraiment car les seules fleurs qu'il y avait dans le jardin de sa maison étaient des roses.

Il trouva aussi des gens qui collectionnaient des **pièces de monnaie** provenant de différents pays, c'était intéressant mais il ne voyageait pas et donc cette option avait été abandonnée.

Certaines personnes collectionnaient des **bandes dessinées** et il pensa qu'il préférait regarder des dessins animés au lieu de lire des bandes dessinées et les acheter rien que pour les collectionner était **du gâchis**. L'un des objets collectionnés les plus bizarres qu'il trouva étaient des **papillons**. Oui, Certaines personnes collectionnaient des papillons. -Argh, c'est tellement flippant... Murmura-t-il à lui même. Il ne savait pas vraiment pourquoi les gens voudraient garder des **cadavres** de papillons chez eux mais en y pensant, les collections des fleurs séchées étaient presque **la même chose**.

Il vit aussi qu'il était possible de collectionner des **pierres** minérales et des cristaux mais il n'était pas vraiment intéressé par ce type d'objets et il ne voulait pas aller en randonnée pour les trouver.

L'une des choses les plus intéressantes que les **gens** collectionnaient étaient les médailles et il trouva ça très cool, il les collectionnerait peut être une fois que son équipe de foot à l'école commencera les compétitions. Pour l'instant, il allait **continuer à chercher**.

Dans un article, il lu qu'on peut collectionner n'importe quoi, du moment que c'est quelque chose que l'on aime et qu'il n y avait pas de **regèles**. Les gens collectionnaient des trucs qu'ils aimaient et qui les amusaient. Il passa quelques instants à **penser** à ce qu'il aimait le plus et les seules choses auxquelles il pouvait pensé étaient les jeux vidéos, le football, le chocolat et le skating.

Il ne pouvait pas exactement collectionner les **jeux** vu qu'il les **téléchargeait** en ligne et le foot était un sport, pas quelque chose que l'on collectionne! Mais... il pouvait collectionner des **ballons**. -Trop grands... il se dit **en secouant la tête**. Il n'avait pas assez d'espace dans sa chambre où il pourrait **les garder**. La même chose s'appliquait pour les skateboards. Et ils étaient trop **chers** en plus. La seule chose qui restait était le chocolat.

Marty fronça les sourcils, ça serait vraiment du gâchis d'acheter des friandises juste pour les mettre dans une **boite**, alors là le chocolat. Et, pour être honnête, il ne se faisait pas confiance pour ne pas les manger immédiatement après les avoir acheté. C'était juste **trop** bon!

Par contre, le chocolat était très varié et avait beaucoup de **formes** et de parfums, les variétés étaient **presque** infinies! Et donc, ça serait quelque chose d'intéressant à collectionner.

Humm, que faire? Il eut soudainement une idée qui pourrait **régler** ses problèmes. Il pourrait simplement collectionner les **emballages**! Oui, tous les types de chocolat étaient emballés ou dans une boite. Comme ça il pourra manger le chocolat et collectionner les emballages. Tout le monde gagne! -Je suis un génie! Il pensa avec **fierté**.

Il ouvrit un tiroir et y fouilla pour un moment avant d'en sortir une barre de chocolat qu'il y avait gardé. -Ça va être le premier élément de ma collection. Dit-il avant d'aller sur son bureau et de prendre un carnet neuf. -Je vais coller les emballages ici. Il avait pensé que l'idée de son ami de garder les timbres dans un carnet était intelligente et il voulait faire **la même chose**.

Il prépara du ruban adhésif et un feutre pour noter la date du jour et écrire une petite note et il déballa la barre de chocolat.

Il savoura son **goût** sucré et une fois qu'il en avait fini, il utilisa une lingette pour nettoyer les quelques endroits où il y avait du chocolat fondu collé à l'intérieur de l'emballage et une fois que le tout avait séché, il étendit l'emballage et le mit sur une page du carnet avant de l'y fixer avec du ruban adhésif. Il écrit avec son feutre sur la page sous l'emballage et ferma le carnet avec un **sourire** satisfait.

Il resta en place pour un moment avant de courir hors de sa chambre pour parler à ses parents de son nouveau loisir.

Après tout, il avait besoin de leur support pour **acheter** le chocolat et étendre sa collection! Ses parents étaient amusés et après qu'il eut promis d'être responsable et de ne pas manger trop de chocolat, ils approuvèrent.

Vocabulary

Journée: *Day*

Ami: *Friend*

Jardin: *Garden*

Chien: *Dog*

Jeux: *Games*

Carnet: *Notebook*

Bureau: *Desk*

Timbres: *Stamps*

Collectionner: *To collect*

Morceaux: *Pieces*

Paysages: *Landscapes*

Armures: *Armors*

Tête: *Head*

Commencer: *To start*

Étrangers: *Strangers, Foreigners*

Choisir: *To choose*

Quelques: *Some, A few*

Fleurs séchés: *Dried flowers*

Pièces de monnaie: *Coins*

Bandes dessinées: *Comic books*

Du gâchis: *A waste*

Papillons: *Butterflies*

Cadavres: *Corpses*

La même chose: *The same thing*

Pierres: *Stones*

Gens: *People*

Continuer à chercher: *To keep looking*

Regèles: *Rules*

Penser: *To think*

Jeux: *Games*

Téléchargeait: *Was downloading*

Ballons: *Balls*

En secouant la tête: *Shaking his head*

Les garder: *To keep them*

Chers: *Expensive*

Boite: *Box*

Trop: *A lot, Many, Much*

Formes: *Shapes*

Presque: *Almost*

Régler: *To fix*

Emballages: *Wrappers*

Fierté: *Pride*

La même chose: *The same thing*

Goût: *Taste*

Sourire: *Smile*

Acheter: *To buy*

Résumé de l'histoire

Marty passa la journée chez son ami et ils jouèrent dehors dans son jardin avant de rentrer à l'intérieur. Après le déjeuner, les deux montèrent à la chambre pour jouer aux jeux vidéo et un petit carnet sur le bureau attira l'attention de Marty. Son ami lui dit que c'était sa collection de timbres et il lui dit qu'il pouvait la regarder si il le voulait. Marty aima beaucoup les timbres colorés et quand il retourna chez lui, il voulut commencer une collection à lui mais il ne savait pas quoi collectionner. Après avoir fait quelques recherches, il décida de collectionner des emballages de chocolat.

Summary of the story

Marty had spent the day at his friend's house and they played outside in his garden before going back inside. After lunch, the two of them went upstairs to play video games and a little notebook caught Marty's attention. His friend told him that it was his stamp collection and said that he could look at it if he wanted. Marty loved the colorful stamps and when he went back home he wanted to start a collection of his own but he didn't know what to collect. After doing some research, he decided to collect chocolate wrappers.

Questions About The Story

1) Qui est le personnage principale?
     A. Marty
     B. Mason
     C. Max
     D. Miles

2) Où était-il au début de l'histoire?
     A. Chez son oncle
     B. Dans la chambre de son frère
     C. Chez son ami
     D. À l'école de son cousin

3) Qu'avait-il vu sur le bureau?
     A. Une bande dessinée
     B. Un carnet
     C. Un téléphone
     D. Un ordinateur

4) Que collectionnait son ami?
     A. Des timbres
     B. Des coquillages
     C. Des figurine
     D. Des cartes postales

5) Que promit Marty à ses parents à la fin de l'histoire?
     A. Qu'il allait payer pour ses chocolats lui même
     B. Qu'il n'allait pas manger trop de chocolat
     C. Qu'il allait partager ses chocolats avec eux
     D. Qu'il allait se brosser les dents après avoir mangé les chocolats

Questions

1) Who is the main character?
- **A.** Marty
- **B.** Mason
- **C.** Max
- **D.** Miles

2) Where was he when the story started?
- **A.** His uncle's house
- **B.** His brother's room
- **C.** His friend's house
- **D.** His cousin's school

3) What did he see on the desk?
- **A.** A comic book
- **B.** A notebook
- **C.** A phone
- **D.** A computer

4) What did his friend collect?
- **A.** Stamps
- **B.** Sea shells
- **C.** Action figures
- **D.** Postcards

5) What did Marty promise his parents at the end of the story?
- **A.** That he would pay for his own chocolate
- **B.** That he wouldn't eat too much chocolate
- **C.** That he would share his chocolate with them
- **D.** That he would brush his teeth after eating the chocolate

Answers

1) A
2) C
3) B
4) A
5) B

CHAPTER 15. TOUT LE MONDE EST UN ENSEIGNANT

Tôt le matin, Monsieur Adler entra dans la classe et salua ses **élèves** avec grande joie. Il aimait vraiment **enseigner** et jouer un rôle dans l'éducation des futurs dirigeants du monde.

Il aimait leur apprendre de nouvelles choses et se réjouit de voir quand ils firent preuve d'avoir apprit leurs **leçons**, que cela soit en utilisant de nouveaux mots qu'ils avaient apprit ou par la résolution correcte d'une **équation mathématique**.

Étant quelqu'un qui passait la majorité de sa journée avec ces enfants, il connaissait bien ses petits apprentis et il savait que certaines leçons étaient plus à leurs goûts que d'autres. Par exemple, bien qu'ils avaient aimé la session de lecture d'hier, il savait que la leçon de mathématique d'aujourd'hui n'allait pas être reçue avec beaucoup d'enthousiasme.

Et, comme il avait deviné, la réaction des élèves variait de **soupirs** déçus à quelques plaintes que les mathématiques étaient ennuyeuses.

M. Adler posa son **menton** sur sa main et réfléchit pour quelques minutes. Il regarda hors de la fenêtre et fit une **grimace** en voyant la pluie.

Les enfants n'allaient pas pouvoir sortir dehors pour la récréation et il ne voulait pas que leurs humeurs deviennent pires en étudiant quelque chose qui ne les amusait pas en plus du fait de ne pas pouvoir sortir pour jouer. Il voulait que l'école soit un endroit **amusant** pour eux et il décida de faire preuve de compassion.

Il pourrait retarder la leçon d'une heure environs. -Bon, d'accord. Alors, que dites vous de ceci: Il commença en se penchant sur son **bureau**. Et si vous jouez le rôle d'enseignant pour cette session?

Les enfants se regardèrent en confusion avant de tourner leur attention sur lui et lui demander ce qu'il voulait dire par ça.

-Et bien, je veux que chacun de vous nous enseigne quelque chose. Vous allez avoir cinq minutes chacun pour nous enseigner ce que vous voulez. Juste un petit truc simple que vous savez faire.

-Ohhh! C'est beaucoup plus intéressant que d'additionner des **nombres**! L'un des enfants dit, poussant les autres à parler en même temps pour exprimer leur **accord** avec lui.

-Allons, les enfants. M. Adler les calma. Nous allons quand même avoir notre cours de math après. Il les informa avec un regard ferme mais pas cruel. Vous avez dix minutes pour penser à un sujet, utilisez votre temps avec **sagesse**.

Les enfants tournèrent leur attention vers leurs **cahiers** et commencèrent à écrire des notes et des étapes sur de différents sujets. Chacun d'eux avait prit la tâche très sérieusement et lorsque leurs dix minutes s'étaient écoulées, ils avaient tous fini leurs petits plans de leçons.

La première personne qui était montée au tableau était une petite **fille**. Elle demanda à l'enseignant de lui donner un marqueur avant de dire à ses camarades qu'elle allait leur apprendre comment dessiner **un ours en peluche**.

-Tout d'abord, vous devez **dessiner** un grand cercle avec un cercle plus petit sur lui en haut. C'est le corps et la tête de l'ours en peluche. Elle expliqua en dessinant les cercles en question. -Vous pouvez dessiner avec moi si vous voulez. Dit-elle au dessus de son épaule.

-Puis, dessinez deux demi **cercles** en haut sur les coté du cercle du haut. Ce sont les oreilles. Deux petits cercles sur le bas des deux coté du grand cercles, qui sont les pieds. Elle continua à dessiner pour leur montrer et quelques-uns des enfants dessinaient avec elle sur leurs cahier. -Pour dessiner les bras, faites deux **ellipses** sur les cotés du corps, dessinez-les à moitié à l'intérieur du grand cercle pour faire en sorte que l'ourson tient son ventre.

M.Adler dût s'empêcher de **rire**. Lucy, la fillette qui était entrain de donner sa leçon était adorable et il était très fier d'elle.

-Maintenant, donnons des yeux et une bouche à l'ourson. Dessinez un cercle sur la partie inférieur de la tête et un autre plus petit sur lui en haut pour faire le nez. Dessinez une ligne qui descend du nez et pour dessiner la bouche, dessinez un numéro trois allongé sur son dos comme ça! Maintenant, dessinez deux cercles en haut pour faire des **yeux** et deux arcs pour les sourcils et vous avez fini!

M.Adler devait avouer que son élève avait dessiné un ourson en peluche très mignon sur le tableau et il pouvait clairement voir que les autres élèves avaient aimé la leçon. -Merci beaucoup,

Lucy. Dit-il en l'applaudissant ce qui poussa les autres enfants à l'applaudir aussi.

L'enfant suivant qui devait enseigner les autres était un **garçon** nommé Colin. -Je vais vous apprendre comment faire un **avion** en papier et comment le faire voler très haut. Il commença ensuite à plier une feuille qu'il avait emmener avec lui au tableau. Quand il avait enfin fini de la former en avion, il démontra le geste correct de sa main pour le lancer.

-Merci, Colin. Tes camarades ont l'air d'avoir beaucoup aimé ta leçon. M. Adler lui dit avec amusement en regardant les enfants **lancer** les avions en papier haut dans l'air.

Après cela, une fille monta et déclara qu'elle allait apprendre à ces camarades comment faire une **tresse**. -Je vais avoir besoin d'un volontaire. Katie, tes cheveux sont longs, tu veux bien venir et me laisser les tresser pour montrer aux autres?

Et c'était ainsi qu'une heure et demi se déroulèrent. Les enfants avaient chacun un talent intéressant à enseigner. L'un d'eux avait utilisé ses lacets pour leur montrer comment faire des nœuds de marins, une autre apprit à ses camarade comment utiliser les mots "Quand" et "Quant" correctement , ce qui avait beaucoup impressionné M. Adler et il y avait même un enfant qui avait montré aux autres comment faire leurs cartes de fête des **mères** eux-mêmes.

Quand tout le monde eut son tour, l'enseignant se leva et s'éloigna de son bureau. -Merci beaucoup, tout le monde. J'ai appris beaucoup de choses et je suis sûr que c'est le cas pour vous aussi. Dit-il.

-Lequel avez vous préféré, Monsieur Adler? Un garçon lui demanda.

-**Aucun.** J'ai aimé toutes les leçons de manière égale. Répondit-il, préférant rester neutre. Et maintenant que nous nous sommes bien amusés, il est temps d'apprendre à additionner des nombres! Leur dit-il de manière taquine, en répétant les mots de son élève. Les enfants laissèrent échapper un **grognement** collectif mais il était content de voir qu'ils étaient tous de **meilleure humeur**.

Vocabulary

Élèves: *Pupils*

Enseigner: *To teach*

Leçons: *Lessons*

Équation mathématique: *Mathematical equation*

Soupirs: *Sighs*

Menton: *Chin*

Grimace: *Wince, Cringe*

Amusant: *Fun*

Bureau: *Desk*

Nombres: *Numbers*

Accord: *Agreement*

Sagesse: *Wisdom*

Cahiers: *Copybooks*

Fille: *Girl*

Un ours en peluche: *A teddy bear*

Dessiner: *To draw*

Cercles: *Circles*

Ellipses: *Ellipses*

Rire: *To laugh*

Yeux: *Eyes*

Garçon: *Boy*

Avion: *Plane*

Lancer: *To launch*

Tresse: *Braid*

Mères: *Mothers*

Aucun: *No one, nothing, none*

Grognement: *Groaning*

Meilleure humeur: *Better mood*

Quand M. Adler entra en classe, il savait que ses élèves n'allaient pas aimer le cours du jour. Ils appréciaient certains sujets plus que d'autres et les mathématiques était l'une des matières qu'ils aimaient le moins. Quand ils protestèrent, il décida de leur remonter le moral un peu avant de commencer la leçon et dédia une heure environ pour qu'ils puissent jouer le rôle de l'enseignant et apprendre à tout le monde un talent simple qu'ils avaient. Certains apprirent aux autres comment dessiner, d'autres leur ont apprit comment tresser des cheveux et il y en a même qui ont montrer aux autres comment faire des nœuds de marins.

Summary of the story

When Mr. Adler entered the classroom, he knew that his young pupils were not going to like today's lesson. They enjoyed some subjects more than others and math was one of their least favorite learning topics. When they protested, he decided to cheer them up a bit before starting the lesson and dedicated about an hour for them to play the role of teachers and teach everyone a basic skill they were good at. Some taught the others how to draw, others taught them how to braid hair and some even showed the rest of the class how to make sailor knots.

Questions About The Story

1) Qui est le personnage principal?
- **A.** Les élèves
- **B.** Le directeur
- **C.** Le concierge
- **D.** L'enseignant

2) Quel est son nom?
- **A.** M. Abraham
- **B.** M. Anderson
- **C.** M. Adler
- **D.** M. Atkinson

3) Qu'allait-il apprendre aux enfants?
- **A.** La Multiplication
- **B.** L'Addition
- **C.** La Soustraction
- **D.** La Division

4) Quel est le nom de la fillette qui avait apprit à ses camarades comment dessiner un ourse en peluche?
- **A.** Lucy
- **B.** Lindsey
- **C.** Lisa
- **D.** Lorry

5) À la fin de l'histoire, les enfants étaient...?
- **A.** Énervés
- **B.** Triste
- **C.** Ennuyés
- **D.** De meilleur humeur

Questions

1) **Who is the main character?**
    - **A.** The pupils
    - **B.** The headmaster
    - **C.** The janitor
    - **D.** The teacher

2) **What was his name?**
    - **A.** Mr. Abraham
    - **B.** Mr. Anderson
    - **C.** Mr. Adler
    - **D.** Mr. Atkinson

3) **What was he going to teach the children?**
    - **A.** Multiplication
    - **B.** Addition
    - **C.** Subtraction
    - **D.** Division

4) **What was the name of the girl who taught the children how to draw a teddy bear?**
    - **A.** Lucy
    - **B.** Lindsey
    - **C.** Lisa
    - **D.** Lorry

5) **By the end of the story, the children were...?**
    - **A.** Annoyed
    - **B.** Sad
    - **C.** Feeling bored
    - **D.** In a better mood

Answers

1) D
2) C
3) B
4) A
5) D

Chapter 16. Qui a pris l'agneau ?

Deux chevaliers étaient dans le champ de **bataille**, avec seulement la lumière aveuglante du **soleil** comme leur **témoin**. Les deux se tenaient en position de combat et s'encerclaient. Peu de temps s'écoula avant que l'un d'eux n'attaqua l'autre avec un cri de **guerre**. Il se lança sur son **adversaire** qui bloqua son épée avec la sienne. Claque ! Seuls les bruits de fer battant le fer pouvaient s'entendre tandis que les deux s'affrontèrent. Ils firent beaucoup d'efforts pour coordonner leurs mouvements, levant leurs armes pour attaquer et basculant leurs corps pour esquiver les coups de l'autre. Ce n'était que lorsque l'un d'eux exécuta un mouvement assez fort pour désarmer son adversaire que la bataille se termina. Le vainqueur se tint avec son épée pointée vers son **ennemi** qui avait levé les mains en l'air en signe de soumission puis baissa son **arme**.

Les deux chevaliers enlevèrent leurs casques et se serrèrent la main avec un **sourire**. -C'était un bel effort, le gagnant dit. -Mais tu dois t'**entraîner** davantage. Le perdant lui tira la langue et lui dit qu'il le savait déjà.

-Grand **frère** ! Un petit garçon courra soudainement vers le **chevalier vainqueur**. -Tu as encore gagné ! Tu es le meilleur !

Son grand frère lui ébouriffa les **cheveux** avant de le prendre dans ses bras puis le mit sur ses épaules. -Oui, Edward et tu vas être comme moi quand tu seras plus grand, d'ailleurs, tu seras encore meilleur que moi !

Les deux allèrent à l'intérieur du château pour voir s'ils pourraient avoir quelque chose à grignoter avant le **déjeuner** et en faisant leur chemin vers la cuisine, ils entendirent les hauts cris de la **cuisinière**.

-Qui était-ce ? Lequel d'entre vous a osé voler l'agneau ? Elle hurla sur trois gardes et deux femmes de chambre. Aucun d'eux ne répondit et ils échangèrent des expressions inquiètes entre eux.

Le chevalier et son petit frère entrèrent dans la cuisine et quand la cuisinière les vit, son visage s'éclaira. -Ah ! Sire Maximilian ! Je suis heureuse de vous voir. Veuillez dire à ces mécréants d'admettre lequel d'eux a volé mon gigot d'agneau. Il était censé être servi sur la table du roi pour le **dîner** de ce **soir** ! Dit-elle en jetant un regard plein de réprimande sur les femmes de chambre et les gardes qui étaient là-bas.

-Vous... avez perdu un gigot d'agneau ? Maximilian demanda en arquant un sourcil.

-Mais bien sûr que non ! Qui pourrait bien perdre un objet aussi large ? Je ne l'ai pas perdu. Il a été volé, évidement ! La cuisinière répondit en roulant les yeux au plafond.

Maximilian hocha la tête et s'excusa de l'avoir mal compris. -Quand l'avez-vous vu la dernière fois ? Demanda-t-il.

-Il était sous la table, entrain de mariner tranquillement dans une grande marmite avec des herbes et des épices. Je l'ai couvert avec ce **torchon**. Elle lui montra un grand morceau de **tissu**. Et quand je suis retournée à la cuisine, il n'était plus là ! La marmite était vide et seul le torchon était sur la table. Lui dit-elle avec un **soupir** misérable. -J'ai mis un autre gigot dans la marmite pour le dîner de ce soir et donc sa majesté le roi ne va pas en souffrir, mais le **coupable** doit être capturé !

-En effet. Le jeune homme dit en hochant la tête.

-Si vous permettez, Sire Maximilian... ? L'une des femmes de chambre dit.

-Allez-y, je vous en prie.

-Je me suis rendu à la cuisine il y a une heure. J'ai vu la **marmite vide** et j'ai cru que c'était étonnant mais je ne l'ai pas touché. Le torchon était par terre et donc je l'ai ramassé et plié avant de le mettre sur la table, puis j'ai nettoyé le sol avant d'aller dans le **jardin**. Je ne suis retourné que maintenant pour trouver la cuisinière entrain de crier à propos le gigot perdu. Celui ou celle qui l'a pris l'a sûrement fait avant que je ne sois rentrée dans la cuisine. La jeune femme de chambre dit.

Maximilian hocha la tête en signe de compréhension avant de retourner son attention aux auteurs. -Est-ce que l'un de vous s'était rendu à la cuisine avant cela ? L'autre **femme de chambre** et les gardes dirent non et il trouva le fait que seulement ceux qui étaient dans la pièce travaillaient dans la cuisine.

Le jeune frère de Maximilian prit la parole. -Est-ce que le sol de la cuisine était sale quand vous avez mariné le gigot d'agneau ce matin ? Le petit garçon demanda à la cuisinière avec **curiosité**.

-Non. La cuisine est toujours nettoyée la **nuit** et quand je suis venue préparer l'agneau, il n'y avait même pas un grain de **poussière** sur le sol. La cuisinière répondit.

Edward demanda en plus a la femme de chambre qui avait parlé auparavant pourquoi elle avait nettoyé le sol.

-Parce qu'il y avait une traînée de graisses sur le sol menant à la porte arrière. Il y avait aussi de la terre sur la traînée. Dit-elle.

Le petit garçon regarda son frère et dit que cela devait signifier que celui ou celle qui avait pris l'agneau devait l'avoir traîné au jardin et cela expliquerait la traînée de **graisse** et ce que la femme de chambre pensait être de la terre devait être les **épices** et les **herbes**.

-Oui, c'est logique. As-tu vu l'un des enfants traîner quelque chose hors de la cuisine ? Son grand-frère demanda. Seul un **enfant** aurait besoin de traîner un gigot d'agneau puisqu'un adulte serait assez fort pour le porter.

-Non, mais je crois que je sais qui est le **voleur**. Le petit garçon prit ensuite la main de son frère et le tira hors de la cuisine et dans le jardin jusqu'à ce qu'ils arrivèrent à la **niche** du chien du prince.

Quand Maximilian s'agenouilla par terre et regarda à l'intérieur, il trouva le **chien** endormi, blottit autour du gigot perdu qui était à présent à moitié consommé. La cuisinière, les femmes de chambre et les gardes suivirent le **jeune** chevalier qui se tourna vers eux avec un sourire.

-Je crois que ça résout notre **devinette**. Puis, il se tourna vers la cuisinière et mit un **bras** autour des épaules d'Edward. -Je crois qu'il a mérité une gâterie pour avoir résolu le **mystère**, pas vrai ?

La cuisinière claqua sa langue, lamentant le gigot gâché et hocha sa tête. -Venez à la **cuisine**, j'ai quelques **tartelettes** aux **fraises** de ce **matin** qui sont encore fraîches.

Vocabulary

Bataille: *Fight*

Soleil: *Sun*

Témoin: *Witness*

Guerre: *War*

Adversaire: *Opponent*

Ennemi: *Enemy*

Arme: *Weapon*

Sourire: *Smile*

Entraîner: *To train*

Frère: *Brother*

Chevalier: *Knight*

Vainqueur: *Victor, Winner*

Cheveux: *Hair*

Déjeuner: *Lunch*

Cuisinière: *Cook*

Dîner: *Dinner*

Soir: *Evening*

Torchon: *Cloth*

Tissu: *Fabric*

Soupir: *Sigh*

Coupable: *Culprit*

Marmite: *Pot*

Vide: *Empty*

Jardin: *Garden*

Femme de chambre: *Maid*

Curiosité: *Curiosity*

Nuit: *Night*

Poussière: *Dust*

Graisse: *Fat*

Épices: *Spices*

Herbes: *Herbs*

Enfant: *Child*

Voleur: *Thief*

Niche: *Kennel*

Chien: *Dog*

Jeune: *Young*

Devinette: *Riddle*

Bras: *Arms*

Mystère: *Mystery*

Cuisine: *Kitchen*

Tartelettes: *Pies*

Fraises: *Strawberries*

Matin: *Morning*

Résumé de l'histoire

Maximilian est un jeune chevalier qui étaient entrain d'avoir un combat d'entraînement avec l'un de ses amis avant que son petit frère Edward courra vers lui après qu'il eut gagné le duel. Les deux jeunes hommes se dirigèrent à la cuisine pour voir si ils pouvaient inciter la cuisinière à leur donner un en-cas avant le déjeuner mais ils étaient surpris de la trouver entrain de crier sur quelques femmes de chambres et gardes et après qu'elle expliqua à Maximilian que quelqu'un avait volé un gigot d'agneau qu'elle avait posé à part pour le dîner, Maximilian et son petit frère commencèrent à enquêter sur ce qui s'était passé et finalement, Edward résolut le mystère: c'était le chien du Prince qui avait prit l'agneau.

Maximilian is a young knight who was having a practice duel with one of his friends before his younger brother Edward ran to him when he won the fight. The two of them headed to the kitchen to see if they could get the cook to give them a snack before lunchtime but they were surprised to find the cook yelling at a few maids and footmen and after she explained to Maximilian that someone had stolen a leg of lamb that she had set aside for dinner, Maximilian and his little brother started investigating what happened and eventually, Edward solved the mystery: It was the Prince's dog who had taken the lamb.

Questions About The Story

1) **Quel est le nom du chevalier qui avait gagné au combat d'épées?**
    A. Maxwell
    B. Marcus
    C. Maximilian
    D. Lancelot

2) **Quelle était la relation d'Edward avec ce chevalier?**
    A. C'était son cousin
    B. C'était son frère
    C. C'était son père
    D. C'était son oncle

3) **Ou étaient allé Edward et le chevalier après le combat?**
    A. À la cuisine
    B. Aux écuries
    C. À la salle des fêtes
    D. Au jardin

4) **Quel article avait été volé d'après la cuisinière?**
    A. Une cuisse de poulet
    B. Une arête de poisson
    C. Un gigot d'agneau
    D. Une queue de canard

5) **Qui était le coupable?**
    A. Un chat
    B. Un renard
    C. Un chien
    D. Un singe

Questions

1) What is the name of the knight who won the swords' fight?
   - **A.** Maxwell
   - **B.** Marcus
   - **C.** Maximilian
   - **D.** Lancelot

2) How is Edward related to that knight?
   - **A.** His cousin
   - **B.** His brother
   - **C.** His father
   - **D.** His uncle

3) Where did the knight and Edward go after the swords' fight?
   - **A.** The kitchen
   - **B.** The barn
   - **C.** The ballroom
   - **D.** The garden

4) What item did the cook say had been stolen?
   - **A.** A chicken's thigh
   - **B.** A fish's bone
   - **C.** A lamb's leg
   - **D.** A duck's tail

5) Who was the culprit?
   - **A.** A cat
   - **B.** A fox
   - **C.** A dog
   - **D.** A monkey

Answers

1) C
2) B
3) A
4) C
5) C

CHAPTER 17. DEVINE-MOI ÇA!

Aujourd'hui, c'était la journée des idiomes! Chaque année à l'école d'Emma, une journée était dédiée pour un jeu élaboré que les enfants jouaient où ils préparaient des costumes, un **dessin**, un poème ou quoi que ce soit pour **indiquer** et donner des **indices** sur un idiome particulier et leurs camarades devaient le deviner et donner sa signification.

Les enseignants pensaient que c'était une façon merveilleuse d'apprendre aux enfants des idiomes populaires et leur **signification** et les élèves aimaient le jeu amusant, surtout car il pouvaient choisir l'idiome qu'ils utiliseraient avec l'aide de leurs parents. Plus l'idiome était ridicule, mieux c'était et ils firent de leur mieux chaque **année** pour rendre le jeux aussi amusant que possible.

Emma s'assied à sa place et les **enfants** se calmèrent et prêtèrent attention au premier idiome. L'un de leur camarades portait un costume de chien et quand l'enseignant leur dit qu'ils pouvaient commencer à **deviner**, les enfants commencèrent à dire ce qu'ils croyaient être l'idiome représenté.

-**Chien** en vie en vaut mieux que **lion** mort. L'un des garçons dit à haute voix. Le garçon qui portait le costume fronça ses sourcils et secoua sa **tête,** indiquant que ce n'était pas ça.

-Chien hargneux à toujours oreille déchirée. Un autre s'écria. Mais, sa réponse n'était pas correcte.

-Qui m'aime, aime mon chien? Emma dit avec hésitation. C'était le seul idiome de chien qu'elle connaissait en plus de ceux qui avaient été **mentionnés** par les autres.

-Non. Désolé. Le garçon dit. Voici un indice. Il commença ensuite à **aboyer**.

-Les chien aboient et la caravane passe! Un garçon cria avec enthousiasme.

-Oui! C'est la bonne réponse. Le garçon qui représentait l'idiome avait dit avant de commencer à **expliquer** que celui-ci signifie que ce que disent ou pensent les autres ne nous empêche pas d'accomplir ce qu'on veut.

L'élève suivante était une **fille** qui avait décidé de faire deviner son idiome petit à petit à travers une charade qu'elle allait mimer.

Elle commença par lever un petit doigt.

-Le premier mot! Emma dit et la fille hocha la tête avant de commencer à mimer la signification du premier mot. Elle toucha son **poignet**, la tapotant avec l'index de l'autre main.

-Une main? Le garçon assis à coté d'Emma devina.

Elle secoua son doigt, indiquant que ce n'était pas ça avant de se retourner et de pointer un doigt à l'**horloge** qui était suspendu sur le mur de la classe, au dessus du tableau.

-L'horloge! Une autre enfant dit et quand elle inclina la tête pour lui indiquer qu'elle était **proche**, une autre dit. -Le temps. Ce qui était la bonne réponse.

Ensuite elle agita sa main pour dessiner un **demi** cercle en l'air.

-Un cerceau? Un ballon? Une fenêtre? La lettre "C"? Elle continua à secouer la tête jusqu'à la dernière suggestion et indiqua que c'était ça.

Puis, la fille leva **trois** doigts pour indiquer qu'elle allait mimer le dernier mot qui allait les aider à deviner. Elle leva la main et frotta son pouce contre son indexe et son majeur.

-**Pincer**? Cette réponse était **fausse** et elle secoua la tête.

-Monnaie? Elle hocha la tête et fit un geste de la main pour leur indiquer de lui donner des synonymes du mot.

-Pièces?

-Billets?

-**Argent**!

La fille pointa du doigt le garçon qui avait deviné le mot "Argent" et commença à sauter pour indiquer aux autres garçon que sa réponse était la bonne . Puis Elle leva successivement son index suivit de son majeur et son annulaire, indiquant aux autres de se rappeler des trois mots.

-Temps, C, Argent...? Le temps c'est de l'argent! Emma s'écria. Sa mère utilisait toujours cet idiome pour inciter ses enfants à commencer à faire leurs **devoirs**, elle n'arrivait pas à croire qu'elle n'y avait pas penser plus tôt.

-Oui! C'est exacte! Le temps c'est de l'argent est un idiome **traduit** de l'Anglais qui signifie que bien employer son temps engendre un profit. Elle expliqua avec un grand sourire avant de retourner s'asseoir à sa place.

Emma pensa que ce idiome était son **préféré** et pas parce qu'elle avait réussi à le deviner correctement mais à cause des efforts de la fille pour leur faire deviner l'idiome de manière **amusante**.

L'élève suivant qui était monté au tableau dessina un **triangle** avec une **fraise** au dessus.

-Celui-ci est trop facile! Dit l'un de ses camarades.

-On pourrait même dire que c'est du **gâteau**! Un de ses amis compléta.

Les deux garçons qui avaient dit ceci se tapèrent la main avec un sourire complice. Et après leurs mots, il n'y avait aucun besoin d'expliquer l'expression et Emma pensa qu'en effet, c'était quelque chose de facile à deviner bien qu'elle **doutait** du fait que l'expression "Du gâteau" pouvait être considérée être un idiome.

Maintenant, elle devait passer au tableau à son **tour**. Elle prit un souffle avant de monter et elle se contenta de mettre un serre-tête avec des **oreilles** de chat, tout simplement, pour représenter son idiome. Son **déguisement** n'était rien de sophistiqué mais mais elle pensait que l'idiome qu'elle avait choisi était un peu difficile à deviner et elle était très excitée.

-Avoir un chat dans la gorge? Dit un garçon qui s'asseyait d'habitude **derrière** elle et elle secoua sa tête, ce n'était pas ça.

-Appeler un chat un chat? L'une des filles dit en inclinant sa tête sur le coté.

-Non, dit-elle en **baillant**. Elle ne voulait pas donner plus d'indices que ça, sinon ça serait trop clair.

-La nuit, tout les chats sont gris.

-Incorrecte. Dit-elle en faisant semblant de **s'endormir**. Elle ne savait même pas ce que la dernière suggestion d'idiome signifiait.

-Oh! N'éveillez pas le chat qui **dort**! L'un des garçon devina enfin et elle hocha la tête.

-On dit "Ne réveillez pas le chat qui dort." Pour dire de ne pas invoquer des **histoires** anciennes qui pourraient causer des problèmes. Dit-elle en enlevant son **serre-tête** avant de reprendre sa place. Elle s'était bien amusée. Elle était un peut stressée au début mais après, ça avait passé.

l'idiome suivant était présenté par deux garçons qui se tenaient la main et qui regardaient droit devant eux. Ils semblaient marcher avec **maladresse** ou du moins, ils prétendaient marcher maladroitement. -Voici un indice: On ne peut rien **voir**. Dit l'un des deux garçon et attendit que ses camarades devinent l'idiome en question.

-Au royaume des **aveugles**, les borgnes sont rois?

-Non. Essai encore une fois.

-Avoir des yeux pour ne rien voir? Emma dit en faisant un petite grimace. Bien qu'elle savait que l'idiome voulait dire faire comme si de rien n'était, elle le trouva **bizarre**.

Les deux garçons rigolèrent. -Elle est bonne, celle-là! Mais, non.

-Un aveugle sans **bâton**? Un garçon suggéra avec un sourire.

-Oh, pas mal! Mais ce n'est pas ça non plus. L'un des garçons lui dit.

-Un aveugle qui en conduit un autre! Lily, La meilleure amie d'Emma devina.

-Oui! Les garçons l'applaudirent. Dire de quelqu'un que c'est un aveugle qui en conduit un autre signifie que cette personne est aussi impudente où ignorante que celle qu'elle dirige. Les garçons sourirent à leurs camarades avant de retourner s'asseoir.

Les enfants continuèrent ainsi jusqu'à ce qu'il était temps pour eux de rentrer chez eux. Leur enseignant les **remercia** et leur dit qu'il était fier d'eux et les informa qu'il allait y avoir un vote le jour suivant pour l'idiome **le plus amusant**.

Emma ne pensait pas qu'elle allait **gagner** mais ce n'était pas important car elle s'était beaucoup amusé!

Vocabulary

Aujourd'hui: *Today*

Dessin: *Drawing*

Indiquer: *To indicate*

Indices: *Hints*

Signification: *Meaning*

Année: *Year*

Enfants: *Children*

Deviner: *To guess*

Chien: *Dog*

Lion: *Lion*

Tête: *Head*

Mentionnés: *Mentioned*

Aboyer: *To bark*

Expliquer: *To explain*

Fille: *Girl*

Poignet: *Wrist*

Horloge: *Clock*

Proche: *Close*

Demi: *Half*

Trois: *Three*

Pincer: *To pinch*

Fausse: *Wrong*

Argent: *Money*

Devoirs: *Homework*

Traduit: *Translated*

Préféré: *Favorite*

Amusante: *Fun*

Triangle: *Triangle*

Fraise: *Strawberry*

Gâteau: *Cake*

Doutait: *Doubted*

Tour: *Turn*

Oreilles: *Ears*

Déguisement: *Disguise*

Derrière: *Behind*

Baillant: *Yawning*

S'endormir: *To fall asleep*

Dort: *Sleeps*

Histoires: *Stories*

Serre-tête: *Head band*

Maladresse: *Clumsiness*

Voir: *To see*

Aveugles: *Blind*

Bizarre: *Weird*

Bâton: *Stick*

Remercia: *Thanked*

Le plus amusant: *The funniest*

Gagner: *To win*

Résumé de l'histoire

C'était la journée des idiomes à l'école d'Emma et tous les enfants étaient très excités. Chaque année, leur école organisait un événement dans lequel les enfants préparaient un costume, un dessin ou un poème qui décriraient un idiome et leurs camarades devinaient de quel idiome il s'agissait avant de donner sa signification. Certains enfants se déguisèrent pour représenter leurs idiomes tandis que d'autres utilisèrent des jeux de charades ou des mises en scènes pour faire deviner aux autres. Emma s'amusa énormément et bien qu'elle ne pensait pas que sa représentation était la meilleure, elle était très contente.

Summary of the story

It was guess the idiom day at Emma's school and all the children were very excited. Every year, their school organized an event in which the children would prepare a costume or a drawing or a poem that would describe an idiom and have their classmates guess which idiom they meant before explaining the meaning of it. Some children dressed up to represent their idioms while others chose to use charade games and role-playing to make the others guess. Emma had a lot of fun and though she didn't think that her representation was the best, she was still very pleased.

Questions About The Story

1) **Quel est le nom du personnage principale?**
    - **A.** Emma
    - **B.** Emily
    - **C.** Enid
    - **D.** Elise

2) **Pourquoi ce jour était spécial dans son école?**
    - **A.** Car c'était la journée de la pâtisserie
    - **B.** Car c'était la journée de la poésie
    - **C.** Car c'était la journée de la peinture
    - **D.** Car c'était la journée des idiomes

3) **Quel était le sujet du premier proverbe?**
    - **A.** Les oiseaux
    - **B.** Les lézards
    - **C.** Les chats
    - **D.** Les chiens

4) **Quel idiome avait préféré Emma?**
    - **A.** Le temps c'est de l'argent
    - **B.** Un aveugle qui en conduit un autre
    - **C.** Les chiens aboient et la caravane passe
    - **D.** Du gâteau

5) **Quel idiome avait présenté Emma?**
    - **A.** N'éveillez pas le chat qui dort
    - **B.** Avoir un chat dans la gorge
    - **C.** La nuit, tous les chats sont gris
    - **D.** Appeler un chat un chat

Questions

1) Who is the main character?
- **A.** Emma
- **B.** Emily
- **C.** Enid
- **D.** Elise

2) What special day was it at her school?
- **A.** Bake a cake's day
- **B.** Write a poem's day
- **C.** Draw a landscape's day
- **D.** Guess the idiom's day

3) What was the first idiom about?
- **A.** Birds
- **B.** Lizards
- **C.** Cats
- **D.** Dogs

4) What idiom did Emma like the most?
- **A.** Time is money
- **B.** A blind man leading a blind man
- **C.** Dogs bark and the caravan moves on
- **D.** Cake

5) What idiom did Emma present?
- **A.** Do not wake the sleeping cat
- **B.** To have a cat in one's throat
- **C.** At night, all the cats are gray
- **D.** To call a cat a cat

Answers

1) A
2) D
3) D
4) A
5) A

CHAPTER 18. MARCHÉ D'ENFANTS

Toby était très excité d'**accompagner** son père dehors. Les deux allaient au **marché** pour acheter des légumes puis au super marché pour faire les courses. Malgré que ces tâches n'avaient rien d'excitant, le petit garçon était **heureux**.

C'était la première fois où il sortait pour faire ce genre de shopping, d'habitude il sortait avec ses parents pour acheter des vêtements ou des jouets mais jamais pour acheter de la nourriture. Il se demanda si son père lui **permettrait** d'acheter beaucoup de gâteries...

Une fois qu'ils arrivèrent au marché, le petit garçon sauta pratiquement hors de la voiture avant que son père ne put quitter **son siège**. Toby courra en avant et en se rappelant de son père, il s'arrêta brusquement. Il se retourna et regarda son père fermer la voiture avant de se tourner pour le regarder.

-Ne court pas mon grand. Tu risque de tomber et de te faire mal! Son père marcha vers lui et prit sa main. Et ensuite on va se faire gronder. Il fit **un clin d'œil** à son fils avec un sourire.

Toby rigola joyeusement. Le prospect de se faire gronder avec son père le rendit heureux et il pensa que cela le rendrait plus proche de son père. Comme des camarades qui auraient

désobéi aux ordres et qui se feraient réprimander par leur supérieur.

Mais, sa mère était plus belle qu'un supérieur en armé, bien évidement!

Le petit garçon était plein d'enthousiasme en voyant les tables pleines de fruits et légumes colorés. Des tomates rouges vif, **des cerises** et des poivrons. Des pommes vertes, **des brocolis**, des asperges. Des oranges, **des citrouilles**, des aubergines, des myrtilles, des pommes de terre et des melons.

Il y avait tous les légumes qu'il connaissait et même certains qu'il ne connaissait pas. Certaines parties du marché était même **dédiées** aux poissons, **épices**, haricots et herbes. Lui et son père firent leur chemin à travers cet endroit en achetant ce qui était marqué dans leur liste de courses puis retournèrent à la voiture et mirent leurs sacs de légumes dans la malle. Le super marché était beaucoup moins excitant.

Les produits était simplement présentés sur **des étagères** dans de différentes allées. Il y n'y avait pas de tables avec des vendeurs qui **bavardaient** et riaient avec les clients mais il y avaient quelques employés qui offraient des échantillons de dégustation de tartelettes et de sauces au fromages et d'autres produits du genre.

Toby était content d'y être cependant, car son père lui avait permis de choisir la marque **céréales** et lui avait même acheter une barre de chocolat comme récompense pour être resté sage.

Quand ils retournèrent à la maison, ils passèrent par une vente de **garage** que **leur voisin** tenait et encore une fois, Toby était intrigué par les gens qui s'étaient rassemblés autour des tables sur lesquelles de différents objets étaient présentés.

Quand son père expliqua qu'une vente de garage était un moyen pour se faire un peu d'argent et se débarrasser des **objets** dont on n'a plus besoin, le petit garçon eut une idée.

L'après-midi, quand Toby rencontra ses amis dehors, il leur parla de **son idée**.

-On devrait tenir un marché. On peut vendre des gâteries que nos mamans prépareraient ou des objets que l'on n'utilise plus.

-Quels types d'objets? Un de ses amis lui demanda.

-Des jouets. Des livres de coloriage. N'importe quel objet que tu n'utilise plus. Il expliqua.

-Qui les achèterait? Je ne crois pas que les adultes voudront des jouets et les enfants n'ont pas beaucoup d'argent. Certains n'ont même pas d'argent de poche. Une autre amie lui dit.

-On peut simplement faire **des échanges**. Si l'un de vous aime quelque chose que l'autre vend, il peut échanger avec lui un autre objet. Toby dit ayant déjà pensé au manque d'argent.

-Les adultes n'achèteront peut être pas de jouets mais il achèteront des biscuits et du jus. Mon grand frère vendait de la limonade l'été dernier et il s'est fait assez d'argent pour acheter un nouveau **téléphone**.

-Je pense que c'est une bonne idée. J'ai toujours voulu avoir un magasin de **bouquins** quand je serais grand et maintenant je peux commencer à m'entraîner. Un autre enfant dit.

Les autres enfants bavardèrent avec enthousiasme et ils étaient tous excités par leur petit projet.

-On doit demander **la permission** des adultes, par contre. Toby dit. Et pas que nos parents, on doit voir si les voisins n'auront pas d'inconvénients.

-Qu'est-ce qu'on va faire avec l'argent? On lui demanda par la suite.

Toby n'y avait pas pensé. Il était vrai qu'ils n'avaient besoin de rien puisque leurs parents prenaient soin de leur acheter tout ce dont ils avaient besoin et il pensa que leurs parents n'approuveraient pas qu'ils utilisent l'argent pour s'acheter **des bonbons** ou des jeux. Il savait que les adultes leur disaient toujours de ne pas gaspiller l'argent.

-On pourrait en faire **un don** aux enfants malades dans les hôpitaux. L'un des garçons dit en haussant les épaules. N'est-ce pas ce que **les scouts** font quand ils vendent leurs biscuits? Ils font des dons et ils utilisent l'argent pour leurs programmes d'école, pas vrai?

Les enfants se mirent tous d'accord sur ce point et il pensèrent tous que ça allait les **aider** pour convaincre leurs parents et le reste du quartier.

Les enfants se mirent d'accord et demandèrent la permission à leurs parents quand ils rentrèrent chez eux. Le jour suivant, ils se divisèrent et rendirent visite à leurs voisins pour demander leur permission pour établir leur petit marché de **quartier** et personne ne protesta. Certains offrirent même de préparer des gâteries pour qu'ils les vendent.

-Mme. Jordan fait le meilleur pain au bananes! Ça va se vendre en un rien de temps. Toby dit avec un grand sourire.

Les enfants rassemblèrent les objets dont ils n'avaient plus besoin: Des livres d'histoires, les livres de coloriage, des jouets, des affaires scolaires et même des vêtements.

Certains avaient demander à leurs parents de leur faire des gâteaux et certains préparèrent du jus tandis que d'autres préparèrent simplement des sandwiches et les voisins comme Mme. Jordan participèrent également en préparant de la nourriture ou en leur donnant des tables et **des parasols** pour le marché.

Le marché n'était pas trop large, juste trois tables qui avaient été installées dans l'aire de jeux du quartier et les enfants en étaient en charge.

Toby échangea sa voiture téléguidée contre un beau T-shirt et l'une des filles acheta ses feutres en couleur.

Les enfants qui vendaient de la nourriture offrirent des échantillons de dégustations et les adultes achetèrent du jus et des gâteaux pour eux et leurs enfants et tout le monde s'amusa.

À la fin de la journée, l'argent qui avait été gagné fut compté et mit dans une grande **enveloppe** qui avait les noms de tous les enfants qui avaient organisé la vente écris sur elle et ils l'envoyèrent au programme de charité pour enfants de l'hôpital.

Vocabulary

Accompagner: *To accompany*

Marché: *Market*

Heureux: *Happy*

Permettrait: *Would allow*

Son siège: *His seat*

Un clin d'œil: *A wink*

Désobéi: *Disobeyed*

Des cerises: *Cherries*

Des brocolis: *Broccoli*

Des citrouilles: *Pumpkins*

Dédiées: *Dedicated*

Épices: *Spices*

Des étagères: *Shelves*

Bavardaient: *Were chatting*

Garage: *Garage*

Leur voisin: *Their neighbour*

Son idée: *His idea*

Des échanges: *Exchanges*

Téléphone: *Phone*

Bouquins: *Books*

La permission: *The permission*

Des bonbons: *Candy*

Un don: *A donation*

Les scouts: *The scouts*

Aider: *To help*

Quartier: *Neighborhood*

Parasols: *Parasols*

Enveloppe: *Envelope*

Résumé de l'histoire

Toby alla avec son père pour faire les courses et acheter des légumes. Ils commencèrent par aller au marché, un fait que le petit garçon aima énormément, avant d'aller au super marché, ce qui n'était pas aussi excitant pour Toby. En retour chez eux, ils virent que l'un de leurs voisins avait organisé une vente de garage et ceci, en plus de sa visite au marché, poussa Toby à vouloir organiser un petit marché avec ses amis dans leur quartier. Ils demandèrent tous la permission de leurs parents et de leurs voisins et eurent une vente de vieux jouets, de vêtements, d'affaires scolaires et même de pâtisserie. Tout l'argent qu'ils avaient gagné de leur vente avait été donné à un hôpital d'enfants.

Summary of the story

Toby went with his father to shop for groceries and vegetables. They first went to the market which the little boy enjoyed a lot before going to the mart, which was not as exciting for Toby. On their way back, they saw that one of their neighbors was having a garage sale and that, as well as his earlier visit to the market, made Toby want to have a little market with his friends in their neighborhood. They all asked their parents and neighbors for permission and had a sale for old toys, clothes, stationary and even baked good. All the money earned from their sale was donated to a children's hospital.

Questions About The Story

1) **Quel est le nom du personnage principale?**
   - **A.** Tommy
   - **B.** Toby
   - **C.** Trudy
   - **D.** Timmy

2) **Où allait-il au début de l'histoire?**
   - **A.** Au marché
   - **B.** À l'aire de jeux
   - **C.** Au zoo
   - **D.** À la crèche

3) **Qui était avec lui?**
   - **A.** Son père
   - **B.** Sa mère
   - **C.** Sa sœur
   - **D.** Son frère

4) **Lequel de ces légumes n'apparaît pas dans le texte?**
   - **A.** Les pommes de terre
   - **B.** Les asperges
   - **C.** Les poivrons
   - **D.** Les artichauts

5) **Quelle est la fameuse pâtisserie de Mme. Jordan?**
   - **A.** La charlotte aux fraises
   - **B.** Le cheesecake
   - **C.** Le pain à la banane
   - **D.** Les brioches

Questions

1) **What is the name of the main character?**
    - **A.** Tommy
    - **B.** Toby
    - **C.** Trudy
    - **D.** Timmy

2) **Where was he going at the beginning of the story?**
    - **A.** The market
    - **B.** The playground
    - **C.** The zoo
    - **D.** The kindergarten

3) **Who was with him?**
    - **A.** His father
    - **B.** His mother
    - **C.** His sister
    - **D.** His brother

4) **Which of these vegetables was not mentioned in the text?**
    - **A.** Potatoes
    - **B.** Asparagus
    - **C.** Peppers
    - **D.** Artichokes

5) **What cake was Mrs. Jordan famous for?**
    - **A.** Strawberry shortcake
    - **B.** Cheesecake
    - **C.** Banana bread
    - **D.** Brioche

Answers

1) B
2) A
3) A
4) D
5) C

CHAPTER 19. L'ILE TORTUE

Carter regardait avec grande **fascination** une image qui l'avait toujours intéressé dans son livre d'histoire. C'était une illustration colorée d'une tortue qui portait une île sur sa **carapace** et qui nageait dans l'océan.

L'histoire était sur l'**amitié** que la **tortue** avait formée avec les humains qui vivaient sur l'île qu'elle portait pendant des générations mais ce qui captura l'attention du petit garçon était le concept d'une **île** mouvante.

-Je me demande ce que ça ferait de vivre là-bas... pensa-t-il.

Son esprit voyagea dans un bateau ou le **capitaine** était son imagination et il commença à rêvasser sur comment ça serait d'être l'un des habitants de l'île tortue.

La première chose qui croisa son esprit était l'effet du mouvement de l'île sur ses habitants. -Je me demande si on peut avoir le mal de **mer** ici... dit-il en marchant à travers le village. Tout le monde parut en bon état et il ne sentit pas de nausée ou de **vertige** lui-même et il en conclut que non, les gens n'avaient pas le **mal de mer** sur l'île tortue.

En explorant un peu partout, il vit de différents **arbres** et plantes. Il était confus pour un moment avant qu'il n'entendit une petite fille dire à son père qu'elle n'arrivait pas à attendre jusqu'à ce que le **bananier** portera ses fruits.

-Soit patiente, quand l'île est sur la bonne position, ça arrivera. Son père lui avait répondu avec un sourire. Carter se rappela soudainement de ce qu'il avait appris à l'école et pensa que c'était génial que l'île puisse avoir tant de variété grâce aux climats des régions par lesquelles elle passait.

-Je pari qu'il y a aussi de différents types de **poissons** dans le **marché** à travers l'année. Se dit-il à haute voix.

-C'est correct ! Une fille lui dit avec un fier sourire. Pas que ça, on ramène aussi de différents types de **viande** et de **pattes** des pays par lesquels on passe.

-C'est super ! Carter dit avant d'étendre sa main pour serrer la sienne. -Je suis Carter. Se présenta-t-il.

-Elena. Ravie de faire ta connaissance, Carter.

-Moi aussi !

-Tu veux aller voir la galerie des souvenirs ? Elena offrit.

-C'est quoi ?

-C'est un endroit où de différents objets que l'on a acheté de différents pays sont gardés. Généralement des objets provenant de pays côtiers puisque l'île ne peut pas s'arrêter assez longtemps pour nous permettre de visiter les autres pays des continents. Elena expliqua avec un sourire.

-Ça paraît génial. Après toi ! Carter dit, excité à l'idée de voir ce qu'il y avait dans la galerie.

Le premier objet qu'Elena lui montra était une statue en céramique d'un chat qui avait une patte levée.

-Ceci s'appelle Maneki-neko. Le chat de chance **japonais** ! Lui dit-elle. On l'a clairement ramené du Japon. Les gens là-bas pensent qu'il apporte de la chance à son propriétaire.

-Cool ! Carter dit en regardant le chat. Il était aussi très **mignon**.

Elena l'emmena ensuite à une table où un service à thé en céramique était posé. Il y avait une **théière** et des **tasses** de couleur blanche avec des motifs en bleu. Carter pensa que le service avait l'air très élégant et il imagina qu'un roi l'utiliserait pour boire son thé.

-Ceci vient de la Russie. Ça s'appelle Gzhel et ça prend son nom du village Russe où c'est fabriqué. Elena lui dit. Carter prit un moment pour admirer les **dessins** élaborés des motifs qui étaient peints sur la théière avant de passer à l'article suivant.

C'était un objet très curieux. Ça semblait être un **plat** profond en **argile** avec un couvercle en forme de cône. C'était d'une belle couleur moutarde avec des motifs marrons, rouges et noirs peints dessus. -Qu'est-ce que c'est ? Demanda-t-il curieusement.

-Ceci est un plat Tajine. Ça vient du Maroc et c'est utilisé pour cuisiner des Tajines qui sont des plats riches à base de légumes et de viande d'agneau avec une délicieuse sauce. Elena se lécha les livres en se rappelant du Tajine qu'elle avait mangé quand l'île était passée par le Maroc.

Quand ils avancèrent à travers la galerie, Elena montra à Carter un magnifique **vase** provenant de la Grèce avec une scène de la mythologie grecque peinte dessus. Elle lui montera aussi des objets en **céramique** provenant de l'Italie, de l'Espagne, du Brésil, de la Chine, et de divers autres pays.

-Ils sont tous très beaux, mais est-ce qu'il y a seulement des pots et des vases dans la galerie ? Demanda-t-il curieusement.

Elena rigola. -Bien sûr que non, petit génie! Cette partie est dédiée aux céramiques. La galerie est **immense** ! Lui dit-elle, en jetant ses bras en l'air pour indiquer à quel point l'endroit était vaste. -Viens, allons voir la partie des habilles !

Et sur ce, elle le mena à une autre section à travers une porte. L'endroit était drapé de **robes** et de tenues de différentes couleurs et Carter lâcha un petit sifflement d'émerveillement. Il regarda l'habit soyeux qui était suspendu sur le mur à sa droite. C'était magnifique avec des couleurs pales et de très jolis motifs.

-C'est un Yukata. Magnifique, n'est-ce pas ? Elena dit avec un regard rêveur. J'en ai un chez moi qui m'a été offert par une fille que j'ai rencontrée au Japon. Mais, pas aussi joli que celui-là. Ça reste très beau, par contre !

-Est-ce que celui-ci est pour hommes ? Demanda-t-il en indiquant une version beaucoup plus simple de couleurs bleu nuit et gris foncé. Elena hocha la tête et le mena en avant pour voir des vêtements provenant d'autres **pays** : des Saris venant d'Inde, des Kilts venant d'Écosse, des Agbada du Nigéria et beaucoup d'autres.

Carter était très impressionné par tout ce qu'il avait vu et pas seulement à cause de la **beauté** des articles qui étaient dans la **galerie** mais aussi par les cultures que chaque objet reflétait. L'île tortue était bien plus qu'un endroit où les fruits et les poissons provenant de différentes régions du monde se trouvaient, c'était aussi un bateau géant permettant à tous ceux qui y étaient de voyager à travers le monde, de rencontrer des gens de nationalités différentes et d'apprendre leurs cultures et même leurs langues.

Quand son père frappa à sa porte pour lui demander ce qu'il était entrain de faire, Carter sortit de son île imaginaire.

-Pas grand-chose. Il répondit. Papa ? Dit-il par la suite.

-Oui ? Son père entra dans sa chambre.

-Est-ce que tu penses qu'il serait facile d'écrire un **livre** d'histoire illustré ? Carter demanda. Il avait une très bonne idée.

VOCABULARY

Fascination: *Fascination*

Carapace: *Shell*

Amitié: *Friendship*

Tortue: *Turtle*

Île: *Island*

Capitaine: *Captain*

Mer: *Sea*

Vertige: *Dizziness*

Mal de mer: *Sea sickness*

Arbres: *Trees*

Bananier: *Banana tree*

Poissons: *Fish*

Marché: *Market*

Viande: *Meat*

Pattes: *Pasta*

Japonais: *Japanese*

Mignon: *Cute*

Théière: *Tea pot*

Tasses: *Cups*

Dessins: *Drawings*

Plat: *Plates*

Argile: *Clay*

Vase: *Vase*

Céramique: *Ceramic*

Immense: *Huge*

Robes: *Dresses*

Pays: *Countries*

Beauté: *Beauty*

Galerie: *Gallery*

Livre: *Book*

Résumé de l'histoire

Carter était entrain d'admirer un livre d'histoires illustré qui contenait l'image d'une tortue qui portait une île sur sa carapace et se demanda comment ça serait de vivre dans un endroit pareil. Quand il commença à rêvasser sur cette possibilité, il imagina que l'île aurait plusieurs types d'arbres de fruits différents qui poussaient à travers le monde grâce au fait qu'elle était exposée aux différents climat, ainsi que de différentes sortes de poissons. Et dans son rêve éveillé, une fille nommée Elena apparut et lui dit qu'il n'y avait pas que ça d'intéressant, ils avaient aussi la chance de visiter de différents pays côtiers et elle lui montra des objets provenant de ces pays dans la galerie de l'île.

Summary of the story

Carter had been looking at a picture book with the illustration of a turtle that carried an island on its shell and wondered how it would be like to live in a place like that. As he started daydreaming about that possibility, he imagined that the island would have many different fruit trees that grew all around the world thanks to its exposure to different climates as well as many different sorts of fish and in his daydream a girl named Elena popped up and told him that it was not only that, they also had the chance to visit different coastal countries and showed him trinkets from those countries in the island's gallery.

Questions About The Story

1) **Qui est Carter?**
   - **A.** Le personnage principale
   - **B.** Le chef du village
   - **C.** L'auteur du livre d'histoires
   - **D.** Le père du personnage principale

2) **Quel est le nom de la fille qui avait prit le personnage principale à la galerie?**
   - **A.** Enid
   - **B.** Elise
   - **C.** Elena
   - **D.** Ester

3) **Quel est le nom du chat porteur de chance en céramique du japon?**
   - **A.** Yukata
   - **B.** Tamagoyaki
   - **C.** Maneki-neko
   - **D.** Fuji-san

4) **D'où viennent les céramiques Gzhel?**
   - **A.** De l'Inde
   - **B.** Du Nigeria
   - **C.** De la Grèce
   - **D.** De la Russie

5) **Qu'est-ce qu'un pot Tajine?**
   - **A.** Un plat en argile
   - **B.** Un vase
   - **C.** Un pot de plantes
   - **D.** Un pot de yaourt

Questions

1) **Who is Carter?**
    A. The main character
    B. The head of the island
    C. The author of the picture book
    D. The father of the main character

2) **What is the name of the girl who took the main character to the gallery?**
    A. Enid
    B. Elise
    C. Elena
    D. Ester

3) **What is the name of the lucky cat made of ceramic from Japan?**
    A. Yukata
    B. Tamagoyaki
    C. Maneki-neko
    D. Fuji-san

4) **Where is Gzhel from?**
    A. India
    B. Nigeria
    C. Greece
    D. Russia

5) **What is a Tajine pot?**
    A. A cooking pot
    B. A decorative vase
    C. A plant pot
    D. A yogurt pot

Answers

1) A
2) C
3) C
4) D
5) A

Jennie, Marshall et Ophelia se rassemblèrent au centre de la maison. Chaque fin de **semaine**, ils incitèrent leur mère à sortir avec ses amies et à se détendre pendant qu'ils nettoyèrent la maison avec l'aide de leur père et sous sa surveillance.

-Alors voilà, puisqu'on est à court de certaines choses, Papa est sorti **acheter** ce dont on a besoin mais on peut quand même **diviser les tâches** maintenant. Ophelia, **l'aînée**, dit sur un ton enfantin mais ferme.

Son frère et sa sœur hochèrent la tête en accord et attendirent qu'elle délégua leur tâches.

-Comme d'habitude, Papa va s'occuper des cuvettes, **fenêtres** et miroirs. Elle commença. Jennie, tu avait fait la vaisselle la semaine passé, donc Marshall va faire cela cette semaine. Dit-elle à sa sœur. Tu vas passer **l'aspirateur** au salon et au couloir tandis que je m'occupe du **linge** et je vais aussi faire le parterre de **la cuisine**. Est-ce que tout le monde à compris?

Encore une fois, les enfants les plus jeunes hochèrent leurs têtes. À peine un moment plus tard, leur père ouvrit la porte et ils se dirigèrent tous vers la cuisine pour leurs nouveaux produits de nettoyage. Marshall prit une paire de **gants** et une bouteille de savon vaisselle. -Est-ce que je peux aussi remplacer la vieille éponge? Elle est devenue dégueulasse. Il demanda à son père qui hocha la tête.

-Je vais aussi changer la brosse des toilettes. Il est bien de changer les outils fréquemment, plus ils deviennent **usés** plus ils contiennent de bactéries. Son père dit en prenant deux flacons vaporisateurs, une brosse, une paire de gants et **un masque** qui le protégerait des produits chimiques qui étaient dans les produits de nettoyage.

Jennie qui était chargée de passer l'aspirateur prit également un des masques pour se protéger de **la poussière**. Et quand tout le monde avait ce dont ils avaient besoin, ils se tapèrent les mains et se mirent au travail.

-Allez, les enfants. Montrons à Maman comment le nettoyage professionnel se fait! Leur père dit.

Le seul qui resta dans la cuisine était Marshall vu qu'il était celui qui allait faire la vaisselle. La première chose qu'il fit était de porter **le tablier** à froufrous de sa mère vu que celui de son père était trop grand pour lui. Il tourna et rigola et voyant le tablier se bouffer autour de lui.

Puis, il glissa ses mains dans les gants en caoutchouc et remplit la cuvettes d'eau avant d'ajouter le savon vaisselle. Il agita ses mains dans l'eau jusqu'à ce qu'elle devint mousseuse et pleine de bulles et il s'amusa à faire de petites formes avec la mousse et a souffler sur **les bulles**.

Il commença à chantonner le générique de son dessin animé préféré et se mit à frotter les plats sales, s'assurant que chaque tâche était partie. Ce serait dommage si sa mère aurait à les laver une deuxième fois s'il ne fit pas son travail proprement.

De l'autre coté du mur qui séparait la cuisine du salon, Jennie avait commencé par faire un peu d'ordre. Elle aimait prétendre qu'elle était en mission urgente et donc, elle régla **un minuteur** sur le téléphone de son père et hocha sa tête avant de commencer.

Elle **ramassa** les objets qui étaient sur son chemin comme la couverture qui était sur **le fauteuil** et la bouteille d'eau qui était sur la table basse et les mit à part avant d'essuyer la poussière qui était sur les meubles.

-La voie est libre! Annonça-t-elle au salon vide. Initialisation de la partie deux de la mission. Dit-elle après avoir déterminer que rien ne serait sur son chemin. Puis, elle mit l'aspirateur en marche et commença par le tapis.

À chaque fois qu'elle finit de nettoyer une partie du salon, elle dit: "La voie est sûr!"

Dans **la salle de bain**, Ophelia tria le linge sale et sépara les vêtement colorés des blancs.

Elle aimait empiler les vêtements coloré dans l'ordre de leur apparition dans l'arc en ciel et elle empila les vêtements blancs en commençant par ceux les moins pures à ceux qui étaient aussi blancs que de la neige.

Elle remplit le bouchon de détergent et le mit dans le compartiment correspondant de la machine à laver après s'être assurée qu'elle avait bien mesuré, cela lui donna l'impression d'être une chimiste, et elle commença à mettre les vêtements dans la machine. Elle appuya sur quelques **boutons** et le cycle de lavage se lança.

Le père de famille allait de chambre en chambre, nettoyant les fenêtres et les miroirs. La chambre de Marshall n'avait que le miroir qui était monté sur son armoire et une seule fenêtre et donc il commença par elle vu qu'elle était **la plus facile** à nettoyer. Et si quelqu'un lui aurait demandé quelle pièce était **la plus difficile**, il aurait dit que c'était le salon avec ses fenêtres qui allaient du sol au plafond.

Il était impatient de voir ses enfants grandir pour qu'ils puissent l'aider à les nettoyer. Pour l'instant, c'était lui et sa femme qui s'en occupaient vu que c'était trop **dangereux** pour les enfants de monter sur des chaises pour arriver aux parties les plus hautes et il se pourrait que l'un d'eux perd son équilibre et **tombe**.

Quand les vêtements avaient fini leur cycle de lavage, et firent un tour dans le sèche linge, Marshall avait finit de faire la vaisselle et les membres de la famille firent une rotation dans les chambres. Papa alla à la salle de bain pour nettoyer les cuvettes, Ophelia alla à la cuisine pour faire le parterre et Marshall alla dans sa chambre pour organiser **son bureau** et ranger **ses jouets**. Jennie, d'autre part, était entrain de passer l'aspirateur dans la chambre de ses parents.

Tous les enfants avaient trouvé un moyen de s'amuser en faisant leurs tâches et l'idée de rendre leur mère **fière** et heureuse les poussa à travailler dur. Quand tout le monde avait fini ses corvées, leur père les emmena déjeuner dehors.

-C'est plus juste ainsi. Nous aussi on a le droit de manger dans un restaurant élégant, n'est-ce pas? Il leur dit en rigolant. Ils savourèrent tous leur plats et retournèrent chez eux.

Comme chaque week-end, leur mère exprima sa joie et son appréciation de leur travail et leur considération avant de leur donner **des cadeaux** qu'elle leur avait ramené de sa sortie. Certains étaient des pâtisseries, d'autres étaient des breloques mais tout le monde était d'accord que le meilleur cadeau était l'expression de fierté dans les yeux de leur mère quand elle vit la maison briller de propreté.

Vocabulary

Semaine: *Week*

Acheter: *To buy*

Diviser: *To divide*

Les tâches: *The tasks*

L'aînée: *The eldest*

Fenêtres: *Windows*

L'aspirateur: *Vacuum cleaner*

Linge: *Laundry*

La cuisine: *The kitchen*

Gants: *Gloves*

Usés: *Worn*

Un masque: *A mask*

La poussière: *The dust*

Le tablier: *The apron*

Les bulles: *The bubbles*

Un minuteur: *A timer*

Ramassa: *Picked up*

Le fauteuil: *The armchair*

La salle de bain: *The bathroom*

Boutons: *Buttons*

La plus facile: *The easiest*

La plus difficile: *The hardest*

Dangereux: *Dangerous*

Tombe: *Fall*

Son bureau: *His desk*

Ses jouets: *His toys*

Fière: *Proud*

Des cadeaux: *Gifts*

Résumé de l'histoire

Chaque fin de semaine, Jennie, Marshall et Ophelia aidaient leur père à nettoyer la maison lorsque leur mère sortait avec ses amies. Les enfants firent de différentes corvées comme laver le linge, faire la vaisselle et passer l'aspirateur tandis que leur père nettoyait les fenêtres et les miroirs et les cuvettes de la salle de bain. Ils s'amusèrent tous en faisant leurs tâches et travaillèrent très dur pour rendre leur mère fière et heureuse et quand ils avaient fini, ils étaient récompensés: leur père les emmena manger dans un beau restaurant et leur mère leur donna des petits cadeaux à son retour.

Summary of the story

Every weekend, Jennie, Marshall and Ophelia helped their father clean the house while their mother went out to enjoy a day out with her friends. The children did various chores like washing the dirty laundry, washing the dishes and vacuuming while their father cleaned the windows and mirrors and scrubbed the sinks of the bathroom. They all enjoyed their tasks and worked very hard to make their mother proud and happy and when they were finished, they were rewarded: their father took them out to have lunch at a nice restaurant and they were given little gifts from their mother when she returned.

Questions About The Story

1) **Lequel de ces prénoms n'apparaît pas dans le texte?**
   - **E.** Enid
   - **F.** Ophelia
   - **G.** Marshall
   - **H.** Jennie

2) **Quelle était la relation entre les enfants qui étaient dans le texte?**
   - **A.** Des cousins
   - **B.** Des camarades de classe
   - **C.** Des amis
   - **D.** Des frères et sœurs

3) **Qui était chargé de la vaisselle?**
   - **A.** Ophelia
   - **B.** Marshall
   - **C.** Jennie
   - **D.** Papa

4) **Que faisait Jennie?**
   - **A.** Elle passait l'aspirateur
   - **B.** Elle lavait le linge
   - **C.** Elle lavait la vaisselle
   - **D.** Elle nettoyait les cuvettes

5) **Qui avaient nettoyé les fenêtres?**
   - **A.** Jennie
   - **B.** Papa
   - **C.** Ophelia
   - **D.** Marshall

Questions

1) Which of these names was not mentioned in the text?
- **A.** Enid
- **B.** Ophelia
- **C.** Marshall
- **D.** Jennie

2) How were the children from the text related?
- **A.** Cousins
- **B.** Classmates
- **C.** Friends
- **D.** Siblings

3) Who was charged with washing the dishes?
- **A.** Ophelia
- **B.** Marshall
- **C.** Jennie
- **D.** Dad

4) What did Jennie do?
- **A.** Vacuum
- **B.** Wash the laundry
- **C.** Wash the dishes
- **D.** Scrub the sinks

5) Who cleaned the windows?
- **A.** Jennie
- **B.** Dad
- **C.** Ophelia
- **D.** Marshall

Answers

1) A
2) D
3) B
4) A
5) B

CONCLUSION

Awesome!! Congratulations reader, you made it through!

At this point we have shared some laughs, learned some French and more importantly had fun. From here we recommend that you go back through the stories and read them again as your comprehension has surely improved and you're bound to pick up something you may not have seen the first time. The best way to learn this material is through repetition and understanding the words in context. With your expanded vocabulary and improved French skills we also encourage you to even write your own stories! We want to thank you for reading our book and we truly hope you had a wonderful time and learned something new with our French Short Stories.

Keep an eye out for more books in the series as our mission is to serve you, the reader with engaging, fun language learning material.

About the Author

Touri is an innovative language education brand that is disrupting the way we learn languages. Touri has a mission to make sure language learning is not just easier but engaging and a ton of fun.

Besides the excellent books that they create, Touri also has an active website, which offers live fun and immersive 1-on-1 online language lessons with native instructors at nearly anytime of the day.

Additionally, Touri provides the best tips to improving your memory retention, confidence while speaking and fast track your progress on your journey to fluency.

Check out https://touri.co for more information.

Other Books By Touri

SPANISH

Conversational Spanish Dialogues: 50 Spanish Conversations and Short Stories

Spanish Short Stories (Volume 1): 10 Exciting Short Stories to Easily Learn Spanish & Improve Your Vocabulary

Spanish Short Stories (Volume 2): 10 Exciting Short Stories to Easily Learn Spanish & Improve Your Vocabulary

Spanish Short Stories (Volume 3): 20 Exciting Short Stories to Easily Learn Spanish & Improve Your Vocabulary

Intermediate Spanish Short Stories (Volume 1): 10 Amazing Short Tales to Learn Spanish & Quickly Grow Your Vocabulary the Fun Way!

Intermediate Spanish Short Stories (Volume 2): 10 Amazing Short Tales to Learn Spanish & Quickly Grow Your Vocabulary the Fun Way!

100 Days of Real World Spanish: Useful Words & Phrases for All Levels to Help You Become Fluent Faster

100 Day Medical Spanish Challenge: Daily List of Relevant Medical Spanish Words & Phrases to Help You Become Fluent

ITALIAN

Conversational Italian Dialogues: 50 Italian Conversations and Short Stories

Italian Short Stories (Volume 1): 10 Exciting Short Stories to Easily Learn Italian & Improve Your Vocabulary

GERMAN

Conversational German Dialogues: 50 German Conversations and Short Stories

German Short Stories (Volume 1): 10 Exciting Short Stories to Easily Learn German & Improve Your Vocabulary

FRENCH

Conversational French Dialogues: 50 French Conversations and Short Stories

French Short Stories for Beginners (Volume 1): 10 Exciting Short Stories to Easily Learn French & Improve Your Vocabulary

French Short Stories for Beginners (Volume 2): 10 Exciting Short Stories to Easily Learn French & Improve Your Vocabulary

French Short Stories for Beginners (Volume 3): 20 Exciting Short Stories to Easily Learn French & Improve Your Vocabulary

Intermediate French Short Stories (Volume 1): 10 Amazing Short Tales to Learn French & Quickly Grow Your Vocabulary the Fun Way!

Intermediate French Short Stories (Volume 2): 10 Amazing Short Tales to Learn French & Quickly Grow Your Vocabulary the Fun Way!

ITALIAN

Conversational Italian Dialogues: 50 Italian Conversations and Short Stories

Italian Short Stories (Volume 1): 10 Exciting Short Stories to Easily Learn Italian & Improve Your Vocabulary

PORTUGUESE

Conversational Portuguese Dialogues: 50 Portuguese Conversations and Short Stories

ARABIC

Conversational Arabic Dialogues: 50 Arabic Conversations and Short Stories

RUSSIAN

Conversational Russian Dialogues: 50 Russian Conversations and Short Stories

CHINESE

Conversational Chinese Dialogues: 50 Chinese Conversations and Short Stories

One Last Thing...

If you enjoyed this book or found it useful, we would be very grateful if you posted a short review on Amazon.

Your support really does make a difference and we read all the reviews personally. Your feedback will make this book even better.

Thanks again for your support!

Free French Video Course

200+ words and phrases in audio
you can start using today!
Get it while it's available

https://touri.co/freefrenchvideocourse-french-ss-beg-vol3/

Free Audiobooks

Touri has partnered with AudiobookRocket.com!

If you love audiobooks, here is your opportunity to get the NEWEST audiobooks completely FREE!

Thrillers, Fantasy, Young Adult, Kids, African-American Fiction, Women's Fiction, Sci-Fi, Comedy, Classics and many more genres!

Visit AudiobookRocket.com!